신라왕조실록 3

신문왕~경순왕 편

차례
Contents

제31대 신문왕 3

제32대 효소왕 23

제33대 성덕왕 29

제34대 효성왕 47

제35대 경덕왕 52

제36대 혜공왕 67

제37대 선덕왕 77

제38대 원성왕 80

제39대 소성왕 90

제40대 애장왕 93

제41대 헌덕왕 99

제42대 흥덕왕 111

제43대 희강왕 119

제44대 민애왕 122

제45대 신무왕 126

제46대 문성왕 129

제47대 헌안왕 137

제48대 경문왕 140

제49대 헌강왕 147

제50대 정강왕 153

제51대 진성여왕 155

제52대 효공왕 161

제53대 신덕왕 165

제54대 경명왕 167

제55대 경애왕 171

제56대 경순왕 174

신라 연표 179

일러두기 · 이 책에 표기된 연도 중 기원전이 아닌 연도는 편의상 '서기'를 생략한다.

· 이 책의 날짜는 모두 음력이다.

· 『삼국사기』에 속하는 「신라본기」 「고구려본기」 「백제본기」 「열전」은
『삼국사기』를 처음 한 번만 표기하고 이후는 생략한다.

제31대 신문왕

장인 김흠돌의 반란으로 인한 파란

문무왕의 뒤를 이은 맏아들 신문왕(神文王)의 이름은 정명(政明)이다. 665년(문무왕 5)에 태자가 되었다가, 문무왕이 죽자, 681년(신문왕 1)에 왕위를 이은 것이다. 그가 즉위하자, 당 고종(高宗)이 사신을 보내 신라 왕을 비롯한 문무왕(先王)의 관작(官爵)을 그대로 인정해주었다. 그의 이름에 들어간 "명(明)의 자(字)는 일초(日怊)"라는 『삼국사기』 편찬자의 해석이 붙어 있다. 그의 어머니는 자의왕후(慈儀王后: 의儀를 의義로도 썼다)이다.

왕비 김씨는, 태자 시절 그를 맞아들인 소판(蘇判) 김흠돌(金欽突)의 딸이다. 그녀는 곧 비극의 주인공이 되었다. 신문왕과의 사이에서 아들을 낳지 못했던 것부터 문제였다. 그러다가 신문왕이 즉위한 해 8월, 정말 심각한 사태가 터졌다. 서불한 진복(眞福)을 상대등으로 삼은 다음인 8일, 왕비의 아버지인 김흠돌(金欽突)을 비롯하여 파진찬 흥원(興元)·대아찬 진공(眞功) 등이 반란을 모의했다는 이유로 처형당했다. 왕비 김씨는 이 사건에 연루되어 궁중에서 쫓겨났던 것이다.

『화랑세기』에는 문명태후의 조카였던 김흠돌이 권력 기반을 다지려 온갖 악행을 저지르다가, 이런 사건이 일어났다고 되어 있다. 그러던 중 문명태후가 죽고 자신의 딸이 신문왕의 총애를 잃자, 불안해진 김흠돌이 정변을 일으키려 했다는 것이다.

사건이 마무리 된 13일, 안승이 소형 수덕개(首德皆)를 사신으로 보내 축하의 뜻을 보내왔다. 16일에는 반란 진압에 대한 교서(敎書)를 내렸다. "내가 하늘과 땅·조상의 돌보심에 역적들을 소탕하였으나 사람들을 놀라게 하였으니, 소집하였던 병력을 돌려보내고 우려할 것 없다는 뜻을 알려라"는 내용이었다. 28일에는 이찬 군관(軍官)의 목을 베고, 또 교서(敎書)를 내렸다. "병부령(兵部令) 이찬 군관(軍官)은 높은 지위에까지 올랐으나, 역적 흠돌 등이 반역을 도모하고 있다는 사실을 알고서도 알리지 않았다. 나라를 걱정할 생각이 없는 것이니, 함께 처형하여 경고 하노라. 그리고 이를 포고하여 알리노라"는 취지였다. 김흠돌 사건을 처리한 이후인 10월, 시위감(侍衛監)을 없애고 장군 6인을 두었다.

682년(신문왕 2) 정월, 관례대로 왕이 몸소 신궁(神宮)에 제사 지내고 크게 사면령을 내렸다. 4월에는 2명의 위화부령(位和府令)을 두어 관리 선발을 맡겼는데, 5월에 금성이 달을 침범하는 현상이 관측되었다. 6월에는 국학(國學)을 세우고 경(卿) 1명을 임명하며, 공장부감(工匠府監) 1명과 채전감(彩典監) 1명도 두었다.

『일본서기』에는 6월, 쓰쿠시에서 신라 사신 김약필에게 잔치를 베풀어주고, 차등을 두어 녹(祿)을 주었다 한다. 왜에서는 다음 달 4일에 우네메노오미치쿠라[채녀신죽라采女臣竹羅]를 대사로, 다기마노키미타테[당마공순當麻公楯]을 소사로 하는 사신단을 신라에 보냈다. 8일 1일 천황은 삼한에 10년 동안 조세를 면제해주었던 기간이 끝났는데, 귀화해 온 사람들에게는 첫해 조세를 면제해주겠다고 했단다. 이날 신라 사신 김약필이 귀국했다. 9월 3일에는 신라와 고구려에 보냈던 사신들이 돌아와 조정에 보고했다고 한다. 10월 20일에는 신라가 또 사탁(沙喙) 일길찬(一吉湌) 김충평(金忠平)과 대나말 김일세(金壹世)를 보내 금, 은, 동, 철, 비단, 명주, 사슴가

죽, 고운 배 등이 포함된 조를 바쳤다. 그리고 이와는 별도로 천황, 황후, 태자에게 바치는 금, 은, 하금(霞錦), 깃발과 가죽류를 다수를 바쳤다고 한다. 그런데 이때 온 신라 사신이 신라 왕의 죽음을 알렸다고 했다. 정황상 문무왕의 죽음을 의미하는 셈이다. 이렇게 문무왕의 죽음을 알린 신라 사신 김충평에게는 12월 10일, 가하혜노오미코비토[하변신자수河邊臣子首]를 쓰쿠시에 보내 향응을 베풀었다 한다.

『삼국유사』에는 신문왕과 관련된 설화 하나가 나온다. 신문왕은 즉위하자 아버지 문무왕을 위해 동해 바닷가에 감은사(感恩寺)를 세웠다. 그러면서 용이 된 아버지가 절에 들어와서 돌아다니게 하기 위해 금당 뜰아래 동쪽을 향해 구멍을 하나 뚫어두었다 한다.

그런데 즉위한 다음 해, 동해에 작은 산 하나가 나타나 감은사를 향해 움직인다는 보고가 들어왔다. 일관(日官)에게 점을 치게 했더니, "여기서 보물을 얻을 것"이라는 답을 얻었다. 좋아하며 가보았더니, 거북의 머리 같은 산 위에 대나무가 있는데, 낮에는 둘이 되었다가 밤에는 합해져서 하나가 되었다 한다. 신문왕이 배를 타고 그 산에 들어가니 용이 나타나 검은 옥대(玉帶)를 바쳤단다. 선물 받은 김에 "왜 대나무가 갈라졌다 합쳐졌다 하느냐"를 물어보니, 용이 답을 주었다. 두 손으로 쳐야 소리가 나는 것처럼, 이 대나무는 합쳐져야 소리가 나니 성스러운 왕께서 소리로 천하를 다스릴 것을 의미한다는 것이다. 그러니 이 "대나무로 피리를 만들면 천하가 화평할 것"이라는 말을 덧붙였다. 그래서 그 대나무를 가져와 만든 피리가 만파식적(萬波息笛)이라는 얘기다.

그리고 설화 하나가 더 있다. 태자가 신문왕이 가져온 옥대를 보더니, 그 하나하나가 용이라고 했다. 그것을 증명하기 위해 한 조각씩 떼어 시냇물에 넣어 보니, 옥대 조각은 용이 되어 날아가고, 연못이 하나 생겼다. 그래서 그것을 용연(龍淵)이라 불렀다고 한다.

『일본서기』에는 김충평에 향응 베푼 이야기를 683년(신문왕 3) 정월에도 적어놓았다. 김충평에게 다음 달에도 향응을 베풀었는지, 같은 내용을 두 번 적었는지 모호하다. 이렇게 향응 받은 김충평은 다음 달 12일에 귀국했다 한다.

같은 달인 2월, 『삼국사기』 기록은 순지(順知)를 중시로 삼았던 내용으로 시작한다. 그리고 인길찬 김흠운(金欽運)의 작은 딸을 부인으로 맞아들였다. 이를 위해 미리 성의를 보였다. 이찬 문영(文穎)과 파진찬 삼광(三光)을 보내 기일을 정하고, 대아찬 지상(智常)을 보내 납채(納采: 신랑이 신부에게 혼인을 청하는 의례)했다. 이때 예물로 보내는 비단이 15수레, 쌀·술·기름·꿀·간장·된장·포·젓갈이 135수레, 조(租)가 150수레에 달했다 한다.

여름으로 접어드는 음력 4월, 평지에 눈이 1자나 내리는 이상 현상이 일어났다. 그래도 5월 7일에는 이찬 문영(文穎)과 개원(愷元)을 신부 집에 보내 부인(夫人)으로 책봉했다. 그 날 묘시(卯時)에 파진찬 대상(大常)·손문(孫文), 아찬 좌야(坐耶)·길숙(吉叔) 등과 그들의 아내는 물론, 양부(梁部) 및 사량부(沙梁部)의 여자 30명씩과 함께 부인을 맞아 오게 했다. 시종하는 관원들과 부녀자들을 매우 많이 거느리고 들어온 수레는 왕궁의 북문에 이르렀다. 여기서부터 신부는 수레에서 내려 대궐로 들어갔다.

6월 『일본서기』에는 신라가 대나말 김석기(金釋起)를 보내 고구려의 사신을 쓰쿠시까지 안내했다고 한다. 『삼국사기』에는 10월에 보덕왕 안승(安勝)을 불러 소판으로 삼고, 김씨의 성을 내리며 수도에 머물게 해주었다고 되어 있다. 이와 함께 훌륭한 집과 좋은 토지를 내렸다. 이때 살별이 오거(五車)에 나타나는 현상이 관측되었다.

보덕국의 반란 진압과 관련 설화

684년(신문왕 4) 10월, 저녁부터 새벽까지 계속해서 유성이 나타나는 현상이 관측되었다. 그 다음 달인 11월, 안승의 조카뻘[족자族子]되는 장군 대문(大文: 또는 실복悉伏)이 금마저(金馬渚)에서 반역을 도모하다가 일이 발각되어 처형당했다. 그러자 남은 무리들이 신라 관리들을 죽이고 반란을 일으켰다. 신문왕은 군대를 보내 토벌에 나섰고, 이 과정에서 당주(幢主) 핍실(逼實)이 전사했다.

이때 활약했던 핍실과 관련된 이야기가 『삼국사기』「열전」에 전해진다. 사량(沙梁) 출신 나마(奈麻) 취복(聚福)의 아들 취도(驟徒) 형제에 관한 이야기다. 그의 성은 전하지 않지만 형제 셋의 이름은 남아 있다. 맏이는 부과(夫果), 가운데가 취도, 막내는 핍실(逼實)이다. 원래 취도는 출가하여 실제사(實際寺)에서 도옥(道玉)이라는 이름의 승려로 살고 있었다. 그런데 태종무열왕 때 백제가 조천성(助川城)에서 신라군을 기습하여 싸우는데 전투가 결판나지 않자, "나는 모습만 승려일 뿐이니, 차라리 종군하여 죽음으로써 나라에 보답하는 편이 낫겠다"며 군복을 입고 이름을 취도로 고쳤다. 그렇게 해서 삼천당(三千幢)에 배속된 그는 용감히 싸우다 전사했다. 그리고 671년(문무왕 11) 문무왕이 백제 부흥 세력을 토벌할 때, 취도의 형 부과도 큰 공을 세우고 죽었다.

그리고 신문왕 대의 보덕성 반란군 진압에 취도의 동생 핍실이 귀당(貴幢)의 제감(弟監)으로 출전한 것이다. 그는 출전하기 전에 자기 아내에게 "나의 두 형이 이미 나랏일로 죽어 이름을 길이 남겼는데, 내가 어찌 죽음을 두려워하여 구차히 살겠느냐"며 작별을 고했다 한다. 그리고 용감히 싸워 수십 명의 목을 베고 죽었다. 신문왕이 이 사연을 듣고 눈물을 흘리며, "취도가 죽을 자리를 알아 형과 동생의 마음을 움직였다. 이 뒤를 이은 부과와 핍실이 장하지 않은가"라며 세 형제 모두에게 사찬(沙湌)의 관등을 추증했다 한다.

그리고 이 사건과 관련되어 「열전」에 기록된 또 다른 이가 김영윤(金令胤)이다. 사량(沙梁) 출신인 그는 반굴의 아들이다. 반굴은 황산벌 전투에서 신라군의 사기를 올리기 위해 희생된 인물이다. 할아버지 흠춘이 아버지 반굴을 앞장서게 한 가풍 속에서 성장한 사람답게 실복의 반란 진압 때에, 황금서당(黃衿誓幢)의 보기감(步騎監)으로 출전했다. 그는 출전하면서, "나의 가문과 친구들이 싫은 소리를 듣지 않게 하겠다"는 포부를 밝혔다.

그런데 실복의 진용을 본 토벌군 쪽에서 "급하게 전투를 치를 것 없이, 기다려 적의 힘을 약화시킨 뒤 싸우자"는 의견이 나와 그렇게 전략의 가닥을 잡았다. 그러나 김영윤만은 이를 받아들이지 않고, 적진으로 돌격하여 싸우다가 전사했다. 신문왕은 이 소식에도 눈물을 흘리면서 "그런 아버지가 없었으면 이런 자식이 있을 수 없다" 하고는 벼슬과 상을 후하게 내렸다 한다. 토벌군은 이런 활약을 바탕으로 성을 함락시킨 다음, 그곳 사람들을 나라 남쪽의 주와 군으로 옮기고 반란을 일으킨 지역을 금마군(金馬郡)으로 강등했다.

『일본서기』에는 이런 와중에 있었던 신라가, 11월 13일에 사찬 김주산(金主山)과 대나말 김장지(金長志)를 보내 조공을 바쳤다고 되어 있다.

685년(신문왕 5) 2월,『일본서기』에는 사신으로 왔던 김주산에게 쓰쿠시에서 잔치를 베풀어주었다고 했다. 대접 받은 김주산은 다음 달 귀국했다 한다. 왜에서는 그 다음 달인 4월, 다카무쿠노오미마로[고향신마려高向臣麻呂]를 대사로, 쓰노노오미우시카이[도노신우감都努臣牛甘]을 소사로 하는 사신단을 꾸려 신라로 보냈다.

『삼국사기』에는 봄에 "완산주를 다시 설치하고 용원(龍元)을 총관으로 삼았다"고 되어 있다. 그런데 이와 관련해서는 오류가 지적되고 있다.『삼국사기』「지(志)」 '지리지(地理志)편'에는 진흥왕 16년에 설치했던 완산주를 26년에 폐지했다가 이때 다시 설치했다고 나오기 때문이다. 전주(全州)가 백제의 완산(完山)이라고 해놓은 점을 보면 오류가 분명하다. 진흥왕 때에는 백제의 중심지에 신라가 주(州)를 설치할 수 없었을 것이기 때문이다. 그래서 전주와 창녕의 옛 이름이 똑같이 비사벌(比斯伐)이었기 때문에 생겨난 오류로 보는 것이다. 따라서 이때 완산주는 처음 설치되었다고 보는 것이 일반적이다.

그리고 거열주(居列州)에 청주(菁州)를 설치하여 9주(九州) 체제를 갖추며, 대아찬 복세(福世)를 총관으로 삼았다. 3월에는 서원소경(西原小京)을 설치하고 아찬 원태(元泰)를 사신(仕臣)으로 삼았으며, 남원소경(南原小京)을 설치한 다음에는 다른 주와 군의 백성들을 그곳으로 옮겨 살게 했다. 이렇게 행정구역을 재편하면서, 이달에는 봉성사(奉聖寺)를, 4월에는 망덕사(望德寺)를 완공시켰다.

이해 『일본서기』에는 12월 6일, 당에 보냈던 유학생 하지노스쿠네오이[토사숙녜생土師宿禰甥]가 신라를 거쳐 귀국하였고, 신라는 대나말 김물유(金物儒)를 파견하여 하지노스쿠네오이 일행을 쓰쿠시까지 호송해주었다.

686년(신문왕 6) 정월, 이찬 대장(大莊: 또는 장將)을 중시로 삼았다. 그리고 예작부(例作府)에 경(卿) 2인 두었다. 2월에는 석산현(石山縣), 마산현(馬山縣), 고산현(孤山縣), 사평현(沙平縣)을 설치하였고, 사비주(泗沘州)를 군(郡)으로, 웅천군(熊川郡)을 주(州)로, 발라주(發羅州)를 군으로 무진군(武珍郡)을 주로 바꾸었다.

이렇게 행정구역을 정비하는 한편, 당나라에 사신을 보내 예기(禮記)와 문장(文章)을 요청하기도 했다. 측천무후(則天武后)는 이에 응하여, 담당 관청에 길흉요례(吉凶要禮)를 복사

해주고 문관사림(文館詞林) 가운데 모범으로 삼을 만한 글을 골라 50권의 책으로 만들어주었다.

왜와의 갈등

『일본서기』에는 같은 달 2월, 지난해에 온 신라 사신 김물유에게 쓰쿠시에서 잔치를 베풀어주었고, 그는 여기서 신라로 돌아갔다고 되어 있다. 이때 왜에서는 표류해 온 신라 사람 7명을 김물유에게 딸려 보냈다 한다. 그런데 4월, 지난해 3월에 돌아갔다던 김주산이 또다시 돌아갔다는 기록이 나온다.

그리고 5월 26일에는 다카무쿠노아소미마로[고향조신마려 高向朝臣麻呂], 쓰노노아소미우시카이[도노조신우사都努朝臣牛飼] 등이 신라에서 돌아왔다. 이내 학문승 판상(觀常), 영관(靈觀)이 따라왔고, 신라 왕이 말 2필, 개 3마리, 앵무새 2마리, 까치 2마리 등 각종 물건을 보냈다 한다. 11월 27일에는 신라가 파진찬 김지상(金智祥), 대아찬 김건훈(金健勳)을 보내 정치상황에 대해 듣고[청정請政], 조(調)를 바쳤다고 해놓았다.

이 부분에서 『일본서기』답게 또 연도의 혼란이 보인다. 천황의 병이 낫도록 연호를 바꾸는 바람에 혼란이 생겼다. 어쨌든『일본서기』연도로는 같은 해 정월로 되어 있는데, 시간을 거슬렀다고 보기도 어렵다. 이달 얼마 전에 왔던 신라 사신 김지상(金智祥)에게 향응을 베풀기 위해 오토모노스쿠네야스마로[대반숙녜안마려大伴宿禰安麻呂], 사카이베노스쿠네코노시로[경부숙녜제어境部宿禰鯯魚], 호즈미노아소미무시마로[수적조신충마려穗積朝臣虫麻呂] 등을 쓰쿠시에 보냈다 했기 때문이다.

그리고 4월 13일에는 신라 사신들에게 향응을 베풀기 위하여 가와라데라[천원사川原寺]의 기가쿠[기악伎樂]를 쓰쿠시로 운반했다. 이달 19일에는 신라가 바친 물건을 쓰쿠시에서 보내왔다 한다. 세마(細馬) 한 필·노새 한 두(頭)·개 두 마리·누금기(鏤金器)·금·은·하금(霞錦: 비단의 일종)·능라(綾羅)·호랑이와 표범 가죽(虎豹皮)·약품 등 모두 100여 종이었다. 또 김지상과 김건훈 등은 따로 금·은·하금·능라·금기(金器)·병풍·가죽제품(鞍皮)·견(絹)·포(布)·약품 60여 종의 물품을 바쳤으며, 황후, 황태자 및 여러 왕자 등에게는 또 별도의 물건을 다수 바쳤다 한다. 5월에는 쓰쿠시에서 잔치를 베풀어주고, 사신들은 관행처럼 여기서 신라로 돌아갔다고 되어 있다.

그리고 10월 일본에서 왕자의 모반 사건이 있었다. 이 사건에 신라의 사문(沙門) 행심(行心)이 관련되었다. 그런데 이때 천황으로 등극했던 지토천황[지통천황持統天皇]은 "차마 죄를 물을 수 없다"며 "히다노쿠니[비탄국飛驒國]의 절로 보내라"는 명을 내렸다 한다. 그리고 윤 12월에 쓰쿠시노오미코토모치[축자대재筑紫大宰]가 고구려·백제·신라 삼국의 남녀 백성과 승려 62명을 바쳤다 한다.

687년(신문왕 7) 『일본서기』에는 정월 19일, 다나카노아소미노리마로[전중조신법마려田中朝臣 法麻呂]와 모리노키미카리타[수군예전守君 苅田] 등을 신라에 보내 덴무천황[천무천황天武天皇]의 죽음을 알렸다고 되어 있다.

2월, 왕의 맏아들[원자元子]이 태어났다. 그런데 경사에 맞지 않게, 이날 날씨는 음침하고 어두컴컴하였으며 천둥과 번개가 심하게 쳤다. 3월에 일선주(一善州)를 다시 사벌주(沙伐州)로 바꾸며, 파진찬 관장(官長)을 총관으로 삼았다. 『일본서기』에는 이달 22일에 귀화한 신라인 14명에게 전답과 식량을 주어 시모쓰케노노쿠니[하모야국下毛野國]에서 살게 해수었다 한다. 다음 달 10일에 쓰쿠시노오미코토모치가 투항한 신라의 승려 및 백성 남녀 22명을 바쳐, 이들에게도 전답과 식량을 주어 무사시노쿠니[무장국武藏國]에 살게 해주었다고 되어 있다.

4월에 음성서(音聲署)의 장을 경(卿)으로 고치고, 대신을 조묘(祖廟)에 보내 제사를 지냈다. 그러면서 조상들에게 자신을 돌보아달라는 글을 올렸다. 5월에는, 문무 관료들에게 토지를 차등 있게 주라는 교서를 내렸다. 그리고 가을에 사벌주(沙伐州)와 삽량주(歃良州)에 성을 쌓았다.

『일본서기』에는 9월 23일, 신라가 왕자 김상림(金霜林), 급찬 김살거(金薩擧)·김인술(金仁述), 대사 소양신(蘇陽信) 등을 보내 국내 정치에 대해 보고하고, 조(調)를 바쳤다 한다. 이때 학문승 지륭(智隆)이 따라왔고, 쓰쿠시노오미코토모치는 이미 신라 측에 이야기했다는 천황의 죽음에 대해 신라 사신 김상림에게 또 이야기했다. 그랬더니 이날 김상림 일행이 모두 상복을 입고 동쪽을 향하여 세 번 절하고 세 번 곡했다 한다. 그리고 12월 10일에는 미치노마히토토미[노진인적견路 眞人迹見]를 신라 사신에게 향응을 베푸는 칙사로 삼았다.

688년(신문왕 8) 정월, 중시 대장(大莊)이 죽어 이찬 원사(元師)를 중시로 삼았다. 2월에는 선부(船府)에 경(卿) 1인을 더 두었다.

『일본서기』에는 이달 사신으로 왔던 김상림 일행에게 조칙 형식으로 또 천황의 죽음을 알렸고, 김상림 일행은 또 세 번 곡을 했다 한다. 2월 2일에는 쓰쿠시노오미코토모치가 신라의 조(調)인 금과 은·비단·삼베·가죽·동·철 등 10여 종과 별도로 보내온 불상·각종 채견·새·말 등 10여 종에 또 사신단이 가져온 금·은·안료 및 각종 물품 모두 80여 종을 일본 조정에 보냈다. 이달 10일에 김상림 등에게 쓰쿠시[축자筑紫]에서 향응을 베풀고 차등을 두어 물건을 주었고, 이들은 29일에 신라로 돌아갔다.

689년(신문왕 9) 정월, 전국 관리들의 녹읍(祿邑)을 폐지하고, 해마다 조(租)를 차등 있게 지급하도록 법을 고쳤다. 『일본서기』에는 앞서 신라에 사신으로 파견되었던 다나카노아소미노리마로 등이, 이때 돌아왔다고 되어 있다.

4월 8일에는 귀화한 신라인을 시모쓰케노[하모야下毛野]에 살게 해주었고, 20일에는 신라가 또 급찬 김도나(金道那) 등을 보내 덴무천황의 죽음에 조의를 표했다 한다. 아울러 승려 미야우소[명총明聰]·간치[관지觀智] 등을 돌려보내면서, 금동 아미타상·금동 관세음보살상·대세지보살상 각 1구, 채백(綵帛), 금(錦), 능(綾)도 보내왔다.

5월 22일, 천황이 하지노스쿠네마로(토사숙녜근마려土師宿禰根麻呂)를 통해 신라 사절 급찬 김도나(金道那) 등에게 따졌다고 한다. 다나카노아소미노리마로 등을 보내 덴무천황의 상을 알렸을 때, 신라 측에서는 "원래 소판(蘇判) 직위에 있는 사람이 천황의 칙을 받겠다"고 했다는 것이다. 그 때문에 천황의 조칙을 전할 수가 없었다며, 옛날 관행을 끄집어냈다. 고토쿠천황[효덕천황孝德天皇]이 죽었을 예찬(翳湌: 이찬) 김춘추(金春秋)가 칙을 받들었는데, 왜 지금은 소판이 받느냐는 것이다.

또 덴치천황[천지천황天智天皇]이 죽었을 때도 일길찬 김살유(金薩儒) 등을 보내더니, 지금은 급찬을 보낸 것도 전례에 어긋난다는 것이다. 신라가 "원래부터 일본을 충심으로 섬긴다고 하면서 본분을 다하려 하지 않는다"고 따졌다. 그래서 보내온 물건을 봉인해서 돌려보낸다고 했다. 그렇지만 일본은, "신라를 인자하게 대해 온 덕을 끊을 수 없어 더욱 노력하여 직무를 다하라"는 조칙을 내리니 "신라 왕에게 잘 전하라"고 촉구했단다.

물론 신라 측에서 이렇게 자애로운 촉구에 무슨 대꾸를 했다는 기록은 없다. 뿐만 아니라 일본에서도 6월 20일, 쓰쿠시노오미코토모치를 통해 신라에 유학 갔다 돌아온 승려 미야우소·간치 등이 신라의 스승과 동료에게 비단을 각각 140근씩 보내주라고 했단다. 뿐만 아니라 24일에는 쓰쿠시의 소군(小郡)에서 신라의 조문사(弔問使) 김도나 등에게 접대까지 해주며 각각 차등을 두어 물건을 주었다. 7월 1일 신라 사신들이 귀국한 것도 별 차이가 없다. 관례를 어겨가며 대국(大國)에 실례를 저지른 것 치고는 갈등이 적은 셈이다.

신문왕의 체제 정비

『삼국사기』에는 이해 윤달 9월에, 왕이 장산성(獐山城)에 행차하였으며, 서원경(西原京)에 성을 쌓았다는 기록이 나타날 뿐이다. 그러면서 달구벌(達句伐)로 도읍을 옮기려 했으나, 실행에 옮기지는 못했다.

690년(신문왕 10) 2월, 중시 원사가 병으로 관직에서 물러나자, 아찬 선원(仙元)으로 교체했다. 『일본서기』에는 이달 11일에 신라의 사문 전길(詮吉), 급찬 북조지(北助知) 등 50인이 귀화했다는 이야기가 나온다. 25일에는 귀화한 신라의 한나말(韓奈末) 허만(許滿) 등 12인을 무사시노쿠니[무장국武藏國]에 살게 해주었다 한다. 그런데 8월 11일에도 귀화한 신라인들을 시모쓰케노노쿠니(하모야국下毛野國)에 살게 해주었다는 이야기가 또 나온다.

9월 23일에는 당에 유학갔던 승려 치소[지종智宗], 기토쿠[의덕義德], 죠간[정원淨願]과 쓰쿠시 가미쓰야메코오리[상양미군上陽咩郡] 출신 평범한 병사인 오토모베노하카마[대반부박마大伴部博麻]가 신라 사신 대나말 김고훈(金高訓) 등을 따라 쓰쿠시로 귀국했다.

10월 15일, 천황은 쓰쿠시에 "이번에 온 신라 사신 김고훈 등에게 하는 향응과 제공할 물건은 하지노스쿠네오이[토사숙녜생土師宿禰甥] 등을 보낸 사신의 관례에 따르라고 사자(使者)를 보내 지시했다 한다. 같은 달 『삼국사기』에는 전야산군(轉也山郡)을 설치했다는 내용만 나온다. 『일본서기』에는 11월 7일, 김고훈 등에게 차등 두어 상을 각각 주었고, 이들은 12월 3일에 돌아갔다고 되어 있다.

691년(신문왕 11) 3월 1일, 왕자 이홍(理洪)을 태자로 봉하고, 13일에 대규모 사면령을 내렸다. 이즈음 사화주(沙火州)에서 흰 참새[백작白雀]를 바쳤고, 남원성(南原城)을 쌓았다.

692년(신문왕 12) 봄에 대나무가 말랐다. 당나라 중종(中宗)이 사신을 보내 자기네 황제 중 "태종 문황제(太宗文皇帝)가 있는데, 김춘추가 같은 묘호를 쓰는데 항의를 표시하고 묘호를 바꿔줄 것"을 요구해왔다. 그러나 신라 측에서는 "선왕 춘추의 덕과 공이 커서, 그가 죽었을 때 온 나라의 백성들이 슬퍼하고 사모하는 마음을 이기지 못하여, 묘호(廟號)가 당의 것과 겹치는 것을 깨닫지 못했다"는 식의 변명을 전했다. 그런 이후에는 또다시 문제가 제기되지 않았다. 그런 일을 겪은 후인 7월에 왕이 죽었다. 시호를 신문(神文)이라 붙이고, 낭산(狼山) 동쪽에 장사 지냈다.

그리고 태종무열왕 때부터 활약해오던 강수도 신문왕 때 죽었다 한다. 장례 비용을 관(官)에서 주었는데, 강수의 아내는 이를 사사로이 쓰지 않고 모두 불사(佛事)에 바쳤다. 그래서 가난해진 아내가 고향으로 돌아가려 하자, 한 대신이 이를 듣고 왕에게 청하여 조(租) 100섬을 주게 하였더니 그 아내가 사양했다. "천한 사람이 남편을 따랐으므로 나라의 은혜를 많이 입었는데, 혼자 남은 지금 어찌 거듭 후한 하사를 받을 수 있겠느냐"며 끝내 받지 않고 고향으로 돌아갔다 한다. 『삼국사기』에는 『신라고기(新羅古記)』를 인용하여 "문장으로는 강수, 제문(帝文), 수진(守眞), 양도(良圖), 풍훈(風訓), 골답(骨畓)이 유명하다"고 했으나, 행적이 전하지 않아 전기를 자세히 남길 수 없다고 해놓았다.

그리고 신문왕 때에는 또 다른 전설적 인물인 설총(薛聰)에 대한 이야기가 남아 있다. 그의 자(字)는 총지(聰智)이고, 할아버지는 나마 담날(談捺), 아버지는 원효(元曉)이다. 그는 승려였으나 소성거사(小性居士)를 자칭했다. 총명하여 배우지 않고도 도술(道術)을 알았고, 신라 말로 유교의 아홉 가지 경전(九經)을 읽어 후학을 가르쳤으므로 고려 학자들도 존경했다 한다. 『삼국사기』에는 정작 그가 지은 글이 전해지지 않는 점에 안타까움이 표시되어 있다. 「열전」 '설총 편'에는, 신문왕이 그를 찾았을 때 화왕(花王) 이야기를 하여 군주가 아첨하는 사람을 가까이 하기 쉽다는 점을 깨닫게 했다는 일화가 있다. 이에 감동한 신문왕이 그에게 높은 벼슬을 주었다는 것이다. 일본에서도 진(眞)씨 성을 가진 고위직 요인이, 신라 사신 설씨가 설총의 손자라는 말을 듣고, "그 할아버지를 보지는 못하였어도 그 손자를 만나니 기뻐서 이에 시를 지어 드린다"고 했다 한다. 그럴 정도로 설총의 명성이 높았다는 뜻이다.

『일본서기』에는 신문왕이 죽은 후인 11월 8일, 신라에서 급찬 박억덕(朴億德), 김심살(金深薩) 등을 보내어 조공을 바쳤다고 되어 있다. 이 기록 이후 무슨 이유에서인지, 일본에서도 신라에 보내는 사신 오키나가노마히토오유[식장진인노息長眞人老], 가후치노이미키노무라지[천내기촌련川內忌寸連] 등에게 차등을 두어 물품을 주었다는 말을 적어놓았다. 11일에는 나니와에서 신라 사신 박억덕에게 향응을 베풀고 물품을 주었다는 관례적 내용이 또 나온다. 24일에는 이번에 받은 신라의 조공물(?)을 일본에 있는 다섯 개 신사(神社)에 바쳤다고 한다.

제32대 효소왕

신문왕의 후계자는 692년(효소왕 1)에 즉위한 맏아들 태자 이홍(理洪: 또는 공恭)이다. 어머니는 아버지 신문왕이 화려한 예물을 보내며 맞아들였던 김흠운(金欽運: 또는 운雲)의 딸 신목왕후(神穆王后)이다. 효소왕이 즉위하자, 당나라 측천무후가 사신을 보내 조문하고, 이어 왕을 신라 왕(新羅王) 보국대장군(輔國大將軍) 행좌표도위대장군(行左豹韜尉大將軍) 계림주도독(雞林州都督)으로 책봉했다.

효소왕이 즉위한 후, 이(理)란 글자가 왕의 이름자라는 이유로, 좌·우리방부(左右理方府)를 좌·우의방부(左右議方府)로 고쳤다. 그리고 즉위한 해 8월에 대아찬 원선(元宣)을 중시로 삼았다. 이때 즈음 고승 도증(道證)이 당나라에서 돌아와 천문도(天文圖)를 바쳤다.

『일본서기』에는 693년(효소왕 2)에 2월 3일, 신라가 사찬 김강남(金江南), 한나마(韓奈麻) 김양원(金陽元) 등을 보내 신라 왕이 죽었다는 사실을 알렸다고 되어 있다. 그리고 같은 달 30일에는 표류해 온 신라인 모자모례(牟自毛禮) 등 37명을, 지난해 일본에 사신으로 와 있던 박억덕 일행이 귀국하는 길에 딸려 보냈다.

다음 달인 3월 16일에는 신라에 보낼 사신 오키나가노마히토오유[식장진인노息長眞人老], 오토모노스쿠네코키미[대반숙녜자군大伴宿禰子君] 등과 승려 변통(弁通), 신예(神叡) 등에게 각각 차등을 두어 거친 비단, 명주솜, 삼베 등의 물건과 함께, 신라 왕에게 보낼 물건도 주었다 한다.

694년(효소왕 3) 정월, 관례보다 약간 늦게 몸소 신궁에 제사 지내고 대규모 사면령을 내렸다. 그리고 문영(文穎)을 상대등으로 삼았다. 이때 즈음 679년(문무왕 19)에 진군대장군(鎭軍大將軍) 행우무위위(行右武威衛) 대장군에, 690년(신문왕 10) 보국대장군(輔國大將軍) 상주국(上柱國) 임해군개국공(臨海郡開國公) 좌우림군장군(左羽林軍將軍) 지위를 받으며 당에서 지내던 김인문이 4월 29일에 66세의 나이로 당나라에서 죽었다. 당 황제가 그의 죽음을 매우 슬퍼하며 수의(壽衣)와 관등을 주고, 조산대부(朝散大夫) 행사례시(行司禮寺) 대의서령(大醫署令) 육원경(陸元景)과 판관(判官) 조산랑(朝散郞) 직사례시(直司禮寺) 모(某) 등에게 영구(靈柩)를 호송하게 했다. 효소왕도 그에게 태대각간(太大角干) 지위를 추가로 주고 담당 부서에 명하여 수도 서쪽 언덕[서원西原]에 묻었다. 이해 겨울에 송악성(松岳城)과 우잠성(牛岑城), 2개 성을 쌓았다.

695년(효소왕 4) 『일본서기』에는 3월 2일, 신라가 왕자 김양림(金良琳), 보명살찬(補命薩湌) 박강국(朴强國) 등과 한나마 김주한(金周漢), 김충선(金忠仙) 등을 보내 신라 국내 사정(國政)에 대해 보고하고, 조(調)와 물품을 바쳤다고 되어 있다. 7월 26일에는 신라에 보낼 사신 오노노아소미케[소야조신모야小野朝臣毛野]와 이키노무라지하카토코[이길련박덕伊吉連博德] 등에게 각각 차등을 두어 물건을 주고, 9월 6일에 이들을 신라로 출발시켰다.

신라에서는 이해 자월(子月: 음력 11월)을 정월로 성했다. 북두칠성의 꼬리 부분이 초저녁에 북쪽을 가리키는 달이 음력 11월이기 때문에, 당에서 689년(신문왕 9)부터 음력 11월을 정월로 고쳤다. 효소왕 때 바로 이 역법(曆法)을 도입한 것으로 보인다. 그리고 개원(愷元)을 상대등으로 임명했다.

이후 이변과 인사 이동에 관한 기록이 주로 나타난다. 10월에는 수도에 지진이 일어났다. 중시 원선(元宣)이 늙어서 관직에서 물러났으며, 이때 즈음 서시(西市)와 남시(南市) 두 시장을 설치했다.

696년(효소왕 5) 정월, 이찬 당원(幢元)을 중시로 삼았다. 4월에는 나라 서쪽 지방에 가뭄이 들었다.

697년(효소왕 6) 7월, 완산주에서 상서로운 벼이삭[嘉禾]을 바쳤다. 다른 고랑에 있는 줄기의 이삭이 합쳐진 형태였다. 9월에는 임해전(臨海殿)에서 신하들에게 잔치를 베풀었다. 『속일본기(續日本紀)』에는 이해 10월 신라 사신이 파견되었다고 되어 있다.

698년(효소왕 7) 정월, 이찬 체원(體元)을 우두주(牛頭州) 총관으로 임명했다. 2월에는 또 수도에 지진이 일어나며, 나무를 부러뜨릴 정도의 큰바람이 부는 이변이 있었다. 이때 중시 당원(幢元)이 늙어 관직에서 물러났기 때문에, 대아찬 순원(順元)으로 교체했다. 3월에 효소왕은 일본에서 파견한 사신을 숭례전(崇禮殿)에서 접견했다. 7월, 이번에는 수도에 홍수가 났다.

699년(효소왕 8) 2월, 흰 기운이 하늘에 뻗치고 살별이 동쪽에 나타나는 현상이 관측되었다. 당나라에 조공 사절을 보내 토산물을 바쳤다. 7월, 동해의 물이 핏빛으로 변했다가 5일 만에 원래대로 돌아왔다. 이것이 이른바 '적조(赤潮)' 현상에 대한 기록으로 본다. 그리고 이상한 현상이 이어졌다 한다. 9월에는 동해의 물이 서로 맞부딪치는 소리가 수도[왕도王都]에까지 들렸다. 병기고(兵器庫) 속에서 북과 뿔피리가 저절로 소리를 내는 사건이 있었다. 이런 와중에 신촌(新村) 사람 미힐(美肹)이 무게가 100푼[分] 되는 황금 한 덩이를 바치는 일이 있었다. 신라 조정에서는 그에게 남변제일(南邊第一)의 지위를 주고 조(租) 100섬을 주었다.

700년(효소왕 9) 다시 인월(寅月: 음력 정월)을 정월로 바꾸었다. 5월에는 이찬 경영(慶永: 영永을 현玄으로도 썼다)이 반역을 도모하다가 처형당했고, 이 사건에 중시 순원이 연좌되어 파면되었다. 이때 일본에서 신라로 사신을 파견했다 한다. 6월에는 세성(歲星)이 달을 침범하는 현상이 관측되었다. 11월에는 신라 사신이 일본으로 가서 왕의 어머니가 죽었다는 사실을 알렸다.

701년(효소왕 10) 2월에도 살별이 달을 침범했다. 5월, 영암군(靈巖郡) 태수 일길찬 제일(諸逸)이 나라 일을 돌보지 않고 사리사욕만 채운다는 이유로, 곤장 100대를 때려 섬으로 귀양보냈다.

702년(효소왕 11) 7월, 왕이 죽었다. 효소(孝昭)라는 시호를 붙이고 망덕사(望德寺) 동쪽에 장사 지냈다. 『삼국사기』에는 효소왕이 죽은 시기가 기록마다 다른 것을 비교해놓았다. 『구당서(舊唐書)』에는 서기 702년에 해당하는 장안(長安)

2년에 "이홍(理洪)이 죽었다"고 되어 있고, 여러 『고기(古記)』에는 같은 해 "7월 27일에 죽었다"고 되어 있는데, 『자치통감(資治通鑑)』에는 703년에 해당하는 "대족(大足) 3년에 죽었다"고 해놓았다는 것이다. 그래서 『자치통감』의 오류라고 결론지었다. 그러나 대족(大足)이라는 연호는 10개월만 사용되었기 때문에 대족 3년 자체가 존재할 수도 없다. 또 이 부분 연구자들은 『자치통감』에 나오는 시기가 당에서 신라에 사신을 보내 후계자를 책봉해준 시기를 말하는 것이기 때문에, 굳이 잘못이라 보기 어렵다고 본다. 『삼국사기』에서는 언급하고 있지 않지만, 『속일본기』에도 703년에 신라 사신이 국왕의 죽음을 알렸다고 되어 있다.

제33대 성덕왕

효소왕의 후계자는 702년(성덕왕 1)에 즉위한 친동생 흥광(興光)이다. 효소왕이 죽었을 때 아들이 없었으므로, 신문왕의 둘째 아들에게 왕위가 넘어간 것이다. 성덕왕(聖德王)의 원래 이름은 융기(隆基)였는데, 당나라 현종(玄宗)의 이름과 같았다. 뒤에 당의 요구로 이름을 고쳤다는 기록이 나온다. 그래서인지 『삼국사기』에는 "당서(唐書)에는 김지성(金志誠)이라 했다"는 말을 추가해놓았다. 하지만 이는 『구당서』이건 『신당서』이건 이런 내용은 없다. 단지 『책부원귀(冊府元龜)』라는 책에 "신라 왕 김지성이 사신을 보내 조공했다"는 내용만 보인다. 즉 당시 사신으로 갔던 김지성을 신라 왕으로 잘못 표시한 것이지, 성덕왕의 이름을 김지성이라 한 것은 아니라는 뜻이다.

성덕왕이 즉위하자 당나라 측에서는 측천무후가 효소왕의 죽음을 애도하는 뜻에서 이틀간 조회를 하지 않았으며, 사신을 보내 조문했다. 아울러 후계자인 성덕왕을 신라 왕으로 책봉하고 장군도독(將軍都督)의 칭호도 계승시켜주었다.

성덕왕은 즉위한 해 702년(성덕왕 1) 9월에 대규모 사면령을 내리고, 관리들의 관작을 한 등급씩 올려주었다. 또 주와 군의 조세를 1년간 면제했다. 이와 함께 아찬 원훈(元訓)을 중시로 삼았다. 10월에 삽량주(歃良州)에서 도토리 열매가 변하여 밤이 되는 기현상이 있었다 한다.

703년(성덕왕 2) 정월, 관례대로 몸소 신궁에 제사 지냈다. 당나라에 사신을 보내 토산물을 바쳤다. 7월에는 재해가 이어졌다. 영묘사에 화재가 난 데다가, 수도에 홍수까지 나서 빠져 죽은 사람이 많았다. 이런 와중에 중시 원훈이 관직에서 물러나, 아찬 원문(元文)으로 교체했다. 일본에서는 204명에 이르는 사신을 보내왔다. 이때 신라에서는 아찬 김사양(金思讓)을 당나라에 조공 사절로 파견했다.

704년(성덕왕 3) 정월, 웅천주(熊川州)에서 금빛 영지[금지金芝]를 바쳤다. 3월에는 당나라에 사신으로 갔던 김사양이 돌아와, 최승왕경(最勝王經 : 불교 경전의 일종. 현실적 요소가 강조됨)

을 바쳤다. 5월에는 승부령(乘府令)이었던 소판 김원태(金元泰)의 딸을 왕비로 맞아들였다.

705년(성덕왕 4) 정월, 중시 원문이 죽어 아찬 신정(信貞)을 새 중시로 삼았다. 3월에는 당나라에 조공 사절을 보냈다. 이때 사절로 간 인물이 바로 『책부원귀』에 신라 왕으로 잘못 기록된 김지성이었다. 5월에 가뭄이 든 후, 8월에는 노인들에게 술과 밥을 내려주었다. 9월에는 왕명을 내려 살생을 금하는 한편, 당나라에 파견한 사신을 통해 토산물을 보냈다. 10월에는 나라 동쪽의 주(州)와 군(郡)에 흉년이 들어 많은 사람들이 떠돌아다니자, 성덕왕은 사람을 보내 진휼에 나섰다. 『속일본기』에는 이런 상황에서도 신라가 조공 사절을 파견했다고 한다.

706년(성덕왕 5) 정월, 이찬 인품(仁品)을 상대등으로 임명했다. 작년 흉년의 영향이 계속되어 나라 안이 굶주렸으므로 창고를 열어 진휼에 나섰다. 이런 상황인 3월, 여러 개의 별이 서쪽으로 흐르듯 떨어지는 현상이 관측되었다. 그래도 4월, 당나라에 사신을 보내 토산물을 바쳤다. 8월에는 중시 신정(信貞)이 병으로 물러나, 대아찬 문량(文良)으로 교체했고, 이달에도 당나라에 사신을 보내 토산물을 바쳤다. 이해에도 흉년이 들었지만, 10월에 또 당나라에 사신을 보내 토산물을 바쳤다. 조공품을 바치면 회사품(回謝品)이 많아 신라에 이익이었지만, 이렇게 같은 해에 많은 조공 사절이 가는 기록은 신라 역사에서 흔치 않은 일이었다. 『속일본기』에는 이때 일본 천황이 신라 국왕의 안부를 묻는 국서를 보냈다고 한다. 12월에는 대규모 사면령을 내려 인심을 달랬다.

707년(성덕왕 6), 흉년의 영향이 계속되어 정월부터 많은 백성들이 굶어 죽자, 한 사람에게 하루 벼 3되씩을 7월까지 나눠주었다. 2월에도 대규모로 사면하고, 백성들에게 오곡 종자를 차등 있게 나눠주었다. 이해 12월에도 당나라에 사신을 통해 토산물 보내는 일을 거르지 않았다.

708년(성덕왕 7) 정월, 사벌주에서 상서로운 지초[서지瑞芝]를 바쳤다. 2월에는 지진이 일어났고, 4월에는 진성(鎭星: 토성)이 달을 침범하는 일이 관측되었다. 이때에도 대규모로 사면했다.

709년(성덕왕 8) 3월, 청주(菁州)에서 흰 매를 바쳤다. 그리고 비슷한 상황이 되풀이 되었다. 5월에 또 가뭄이 들었고, 6월에 당나라에 사신을 보내 토산물을 바쳤으며, 8월에 대규모로 사면한 것이다.

그런데 『속일본기』에는 이해 5월, 일본의 우(右)대신이 신라 사신을 불러 했다는 말이 남아 있다. "신라 사신이 예부터 조공을 바쳐왔으나, 아직 실권자와 얘기해 본 적이 없다. 그런데도 오늘 대면하는 것은 두 나라가 우호를 맺어 왕래하려 하는 것"이라 했다는 것이다. 이때 신라 사신은 자리를 피해 절하고 앉으며 "자신은 지위가 낮은 사람인데도 이렇게 불러주어 기쁠 뿐"이라 했다 한다. 이 사건이 시사하는 바가 있는 듯하다. 일본에서는 신라에서 실세를 파견해주기 바랐지만, 신라에서는 일본에 지위가 낮은 사신을 파견하면서 일본의 요구는 회피한 듯하기 때문이다.

다음 해인 710년(성덕왕 9)도 재해와 당에 대한 사신파견이 교차하는 양상은 비슷했다. 정월에 삼랑사(三郞寺) 북쪽에 천구(天狗: 유성)가 떨어졌다. 그리고 당나라에 사신과 함께 토산물을 보냈고, 지진이 일어났으며, 사면령을 내렸다.

711년(성덕왕 10), 봄으로 접어드는 음력 3월임에도, 많은 눈이 내렸다. 그래도 5월에는 또다시 짐승을 함부로 죽이는 것을 금지했다. 10월, 성덕왕은 나라 남쪽 지방의 주와 군을 돌아보았다. 이때 즈음 중시 문량이 죽었다. 11월에는 왕이 백관잠(白官箴: 백관을 훈계하기 위하여 지은 글)을 지어 신하들에게 보도록 했다. 12월에는 당나라에 사신을 보내 토산물을 바쳤다.

712년(성덕왕 11) 2월에도 당나라에 조공 사절을 보냈다. 3월에는 이찬 위문(魏文)을 중시로 삼았다. 이때 당나라에서 노원민(盧元敏)을 사신으로 보내, 왕의 이름을 고쳐 달라고 했다. 앞서 즉위와 관련하여 언급했듯이, 성덕왕의 원래 이름이 당 현종과 같은 용기였기 때문이다. 4월에 성덕왕은 온수(溫水)에 행차했다. 8월에는 김유신의 아내를 부인(夫人)으로 봉하고, 해마다 곡식 1,000섬을 주었다.

713년(성덕왕 12) 2월, 예부(禮部)에 전사서(典祀署)를 설치했다. 제사 의식을 전담할 기구를 만든 것이다. 이즈음 당에 파견된 조공 사절은 당 현종이 문루(門樓)에 나와 접견해주는 대우를 받았다. 이때 파견된 사신 김정종(金貞宗)이 10월에 돌아오면서, 성덕왕을 표기장군(驃騎將軍) 특진(特進) 행좌위위대장군(行左威衛大將軍) 사지절(使持節) 대도독계림주제군사(大都督雞林州諸軍事) 계림주자사(雞林州刺史) 상주국(上柱國) 낙랑군공(樂浪郡公) 신라 왕(新羅王)으로 책봉하는 조서(詔書)를 가져왔다. 이때 즈음 중시 위문(魏文)이 나이가 많아졌다는 이유로 관직에서 물러나기를 청하였으므로, 허락해주었다. 12월에는 대규모 사면령을 내리고 개성(開城)을 쌓았다.

714년(성덕왕 13) 정월, 이찬 효정(孝貞)을 중시로 삼았다. 2월에 상문사(詳文師)를 통문박사(通文博士)로 개편하여, 표문(表文: 주로 당에 보내는 국서, 지금식으로 말하면 외교문서) 쓰는 일을 맡겼다. 이와 함께 왕자 김수충(金守忠)을 당나라에 보내 숙위(宿衛)하도록 했다. 당 현종은 김수충을 총애하여, 집과 비단을 주고 조당(朝堂: 조정朝廷)에서 잔치를 베풀어주었다. 윤 2월, 급찬 박유(朴裕)를 당나라에 보내 새해 인사를 올렸다. 그러자 당 측에서는 박유에게 조산대부(朝散大夫) 원외봉어(員外奉御) 관작을 주어 돌려보냈다. 10월에도 당 현종은 신라 사신들에게, 내전(內殿)에서 재상과 4품 이상의 주요 관리[청관淸官]들에게 참여하도록 하는 잔치를 베풀어주었다.

당과의 관계를 좋아졌지만, 이해 신라의 사정은 좋지 않았다. 여름에 가뭄이 들면서, 많은 사람들이 전염병에 걸렸다. 가을에는 삽량주에서 산도토리 열매가 밤으로 변하는 이변이 있었다 한다. 『속일본기』에는 이때 신라에서 조공 사절을 파견했다고 적어놓았다.

715년(성덕왕 14) 3월, 김풍후(金楓厚)를 당에 조공 사절로 파견했다. 4월에는 청주(菁州)에서 흰 참새를 바쳤다. 보통은 재해가 일어나 민심이 흉흉해질 때 사면령을 내리는데, 이번에는 반대 현상이 나타났다. 5월에 사면을 해주었는데, 6월에 심한 가뭄이 든 것이나. 물론 이 가뭄은, 성덕왕이 하서주(河西州) 용명악(龍鳴嶽)의 거사 이효(理曉)를 불러 임천사(林泉寺) 연못가에서 기우제를 지내는 것으로 효험을 보았다 한다. 곧바로 비가 열흘 동안 내렸다는 것이다. 그래도 기이한 천문 현상이 이어졌다. 9월에는 금성[太白]이 서자성(庶子星)을 가렸고, 10월에 유성이 자미(紫微)를 침범하였으며, 12월에는 유성이 천창(天倉)으로부터 태미(太微)로 들어갔다. 이런 현상이 보이는 와중에 죄인들을 사면하고, 왕자 중경(重慶)을 태자로 봉했다.

716년(성덕왕 15) 정월에도 유성이 달빛을 가리는 현상이 관측되었다. 3월에는 당나라에 사신을 보내 토산물을 바쳤고, 이때 즈음 성정왕후(成貞王后: 또는 엄정嚴貞)를 궁궐에서 내보냈다. 왜 왕비를 내보내야 했는지에 대해서는 언급하지 않고, "채색비단 500필과 밭 200결(結), 조(租) 1만 섬과 강신공(康申公)의 옛 집을 사서 주었다"는 얘기만 기록해놓았다. 이런 일이 있고 난 다음, 큰바람이 불어 나무가 뽑히고 기와가 날아가며 숭례전(崇禮殿)이 무너졌다.

그래도 당나라에 파견되었던 하정사(賀正使: 매년 정월 초하루 천자의 조정에서, 나라의 번영과 천자의 무병장수를 기원하는 의례에 참석할 사신) 김풍후가 귀국할 때, 당에서는 그에게 원외랑(員外郎) 관작을 주어 보냈다. 6월, 가뭄이 들었지만 또다시 거사 이효(理曉)를 불러 해결했다 한다. 이후 또 사면령을 내렸다.

717년(성덕왕 16) 2월, 의박사(醫博士)와 산박사(算博士) 각각 1명씩 두었다. 3월에 새 궁궐을 지었는데, 4월에 지진이 일어났다. 그리고 6월에 태자 중경(重慶)이 죽어, 시호를 효상(孝殤)이라 붙였다. 9월, 당나라에 파견되었던 대감(大監) 수충(守忠)이 돌아와 문선왕(文宣王)과 10철(十哲) 및 72제자

(七十二弟子)의 초상화를 바쳤으므로 대학(大學)에 보관했다. 그런데 이 기록에서 감안해야 할 점이 있다. 문선왕이란 당에서 공자에게 붙여준 시호다. 하지만 이 시호는 당 현종 때인 739년에 붙여졌기 때문에 성덕왕이 이때 공자에게 붙여준 시호를 알 턱이 없었다. 따라서 이 내용은 나중에 사료(史料)를 편집하며 용어를 바꾸어버린 사례라 할 것이다.

718년(성덕왕 17) 정월, 중시 효정이 관직에서 물러났으므로 파진찬 사공(思恭)으로 교체했다. 2월에 왕이 나라 서쪽 지방의 주와 군을 두루 돌며, 백성에 대한 위문에 나섰다. 이때 나이 많은 이와 홀아비·홀어미·고아·자식 없는 늙은이들을 몸소 위로하고, 차등을 두어 물건을 내려주었다.

그렇지만 3월에 지진이 일어나는 재해를 겪었다. 5월에는 일본에서 신라로 보내는 사신이 출발했다. 그리고 6월에는 황룡사 탑에 벼락이 쳤다. 이때 처음으로 누각(漏刻)을 만들었다 한다. 이 시기 당나라는 신라 조공 사절에 수중랑장(守中郎將)의 관작을 주어 돌려보냈다. 10월에는 유성이 묘(昴)로부터 규(奎)로 들어갔고, 여러 작은 별들이 뒤따르는 현상이 관측되었다. 그리고 또 다른 유성이 동북방[간방艮方]에 떨어졌다. 이 현상이 불길해서 그랬는지, 이후 한산주 도독 관할 안에 여러 성을 쌓았다.

719년(성덕왕 18) 정월, 당나라에 새해 축하 사절을 보냈다.

『속일본기』에는 이해 5월 신라의 조공 사절이 일본에 도착했다고 적혀 있다. 이 신라 사신들은 윤 7월 돌아갔고, 다음 달인 8월, 일본에서 신라로 보내는 사신이 출발했다. 9월에는 금마군 미륵사(彌勒寺)에 벼락이 쳤다.

720년(성덕왕 19) 정월 또 지진이 일어났다. 상대등 인품(仁品)이 죽어서, 대아찬 배부(裵賦)로 교체했다. 3월에는 이찬 순원(順元)의 딸을 왕비로 맞아들였다. 4월에는 큰 비가 내려 산 13곳이 무너졌고, 우박이 떨어져 벼가 상했다. 5월에는 관리들에게 해골을 땅에 묻으라는 명을 내렸다. 이달 완산주에서 흰 까치를 바쳤다. 6월에 왕비를 왕후로 책봉했다. 7월에는 웅천주에서 흰 까치를 바쳤다. 그리고 메뚜기 떼의 피해를 입었다. 중시 사공(思恭)이 관직에서 물러나, 파진찬 문림(文林)으로 교체했다.

721년(성덕왕 20) 7월 하슬라(何瑟羅) 지역의 장정[정부丁夫] 2,000명을 징발하여 북쪽 국경에 장성(長城)을 쌓았다. 그런데 이해 겨울에는 눈이 내리지 않았다. 『속일본기』에는 12월, 신라 조공 사절이 왔으나 태상천황이 죽는 바람에 대접할 수 없어 돌려보냈다고 한다.

722년(성덕왕 21) 정월, 중시 문림이 죽어 이찬 선종(宣宗)으로 교체했다. 2월에는 수도에 지진이 일어났다. 5월, 『속일본기』에는 신라로 보낼 사신을 정했다고 되어 있다. 8월, 처음으로 백성들에게 정전(丁田)을 주었다. 10월에는 당나라에 새해 축하와 토산물을 보낼 사신으로 대나마 김인일(金仁壹)을 파견했다. 모벌군성(毛伐郡城)을 쌓아 왜구들이 노략질하러 올 길을 막았다.

723년(성덕왕 22) 3월, 당나라에 사신과 함께 미녀 두 사람을 보냈다. 한 명은 나마 천승(天承)의 딸 포정(抱貞)이고, 또한 명은 대사 충훈(忠訓)의 딸 정완(貞菀)이었다. 그들에게 의복·그릇·노비·수레와 말을 주어 보냈으나, 당 현종(玄宗)은 "신라 왕의 고종자매가 고국을 떠나 친지들과 이별하여 왔으니, 차마 머물러 있으라고 하지 못하겠다"며 후하게 선물을 주어 돌려보냈다. 『삼국사기』 편찬자들은 "정완의 무덤에 서있는 비석[정울비貞菀碑]에는 '효성왕 6년에 당나라에 들어갔다'라고 되어 있는데, 어느 것이 옳은지 알 수 없다"고 의문을 표시해놓았다.

4월에도 당나라에 사신과 함께 과하마(果下馬) 1필과 우황, 인삼, 아름다운 다리[미체美髢], 조하주(朝霞紬), 어아주(魚牙紬), 매를 아로새긴 방울[루응령鏤鷹鈴], 바다표범 가죽[해표피海豹皮], 금은 등을 보냈다. 그리고 지진이 일어났다. 『속일본기』에는 이해 8월 신라 사신이 공물을 바쳤다고 되어 있다.

724년(성덕왕 23) 봄, 왕자 승경(承慶)을 태자로 삼고 대규모 사면령을 내렸다. 웅천주(熊川州)에서 상서로운 지초[서지

瑞芝]를 바쳤다. 2월에 새해 축하 사절로 김무훈(金武勳)을 보냈다. 그가 돌아올 때 당 현종이 덕담이 담긴 답서를 가져왔다. 『속일본기』에는 이해 8월 신라에 보낼 사신을 정했다고 한다. 이해 12월에도 당나라에 사신과 함께 토산물을 보냈다. 이때 즈음 소덕왕비(炤德王妃)가 죽었다.

725년(성덕왕 24) 정월에 흰 무지개가 나타났고, 3월에 눈이 내렸다. 그리고 여름으로 접어드는 음력 4월에도 우박이 내렸다. 중시 선종(宣宗)이 관직에서 물러나 이찬 윤충(允忠)으로 교체했다. 『속일본기』에는 지난해에 신라로 파견했던 사신이 이해 5월에 돌아왔고, 비슷한 시기에 신라에서도 조공 사절을 파견했다고 적어놓았다. 그리고 7월, 돌아가는 신라 사신에게 이찬 김순정의 죽음을 애도한다며, 왕이 신하에게 내려주는 것처럼 물건을 보냈다. 신라에는 이해 10월에도 지진이 났다.

726년(성덕왕 25) 4월, 김충신(金忠臣)을 새해 축하 사절로 당나라에 보냈다. 5월에도 왕의 아우 김근질(金釿質)을 당나라에 조공 사절로 보냈더니, 당에서는 그에게 낭장(郞將) 관작을 주어 돌려보냈다.

727년(성덕왕 26) 정월, 죄인들을 사면했다. 그리고 이달에 새해 축하 사절을 당나라에 보냈다. 4월에는 일길찬 위원(魏元)을 대아찬으로, 급찬 대양(大讓)을 사찬으로 삼았다. 12월에는 영창궁(永昌宮)을 수리했다. 이때 상대등 배부(裵賦)가 늙어 관직에서 물러나기를 청하였으나, 허락하지 않고 김유신의 경우처럼 안석과 지팡이를 내려주었다.

728년(성덕왕 27) 7월, 성덕왕은 아우 김사종(金嗣宗)을 통해 당나라에 토산물을 보내면서 신라인들의 국학(國學) 입학을 요청했다. 그러자 당에서는 이를 받아들이고 김사종에게 과의(果毅)의 관작을 주며 숙위하게 했다. 그런데 이해에 상대등 배부가 또다시 늙었다는 이유로 관직에서 물러나기를 요청해왔다. 성덕왕도 이번에는 거부하지 못하고, 이찬 사공(思恭)으로 교체해주었다.

729년(성덕왕 28) 이후에는 당과의 교류 기록만 계속 나타난다. 이해 정월에 당나라에 새해 축하 사절을 보내고도, 9월에 또 조공 사절을 보냈다. 이러한 기조는 다음 해에도 이어졌다.

730년(성덕왕 29) 2월에도 왕족 지만(志滿)을 당나라에 조공 사절로 보냈다. 이때 작은 말 다섯 필, 개 한 마리, 금 2,000냥(兩), 두발(頭髮) 80냥, 바다표범 가죽 10장을 바쳤다. 당 현종은 지만에게 태복경(太僕卿) 관작과 함께 명주 100필, 자주빛 두루마기, 비단으로 만든 가는 띠[금세대錦細帶]를 주고 머물러 숙위하게 했다. 이해 10월에도 당나라에 조공 사절과 함께 토산물을 보냈다. 이번에도 당 현종은 그들에게 차등을 두어 물품을 주었다.

731년(성덕왕 30)에도 마찬가지였다. 2월에 김지량(金志良)을 당나라에 새해 축하 사절로 보냈고, 당 현종은 그에게 태복소경원외치(太僕少卿員外置) 관작과 무늬 없는 비단[백(帛)] 60필을 주어 돌려보냈다. 그러면서 신라 왕에 대한 덕담을 담은 조서를 보냈다.

4월, 모처럼 당과의 관계 이외의 기록이 나온다. 이때 죄수들을 사면하고, 늙은이들에게 술과 음식을 내려주었다. 그리고 상당한 기간 동안 나타나지 않던 일본의 침략 기록이 나온다. 이때 일본 측 전함 300척이 신라의 동쪽 변경을 습격해 왔다는 것이다. 성덕왕은 군대를 동원하여 침공 부대를 대파했다. 그리고 난 이후인 9월, 신료들 적문(的門)에 모여 수레에 탑재한 쇠뇌[차노(車弩)] 쏘는 것을 관람하도록 하라는 명을 내렸다.

732년(성덕왕 31) 『속일본기』에는 이해 정월부터 신라로 보낼 사신을 정했고, 비슷한 시기에 신라 조공 사절이 왔다고 한다. 5월에서야 일본의 수도로 들어온 신라 사신단은 일본에 파견되는 사신단의 시기에 대해 의논했다. 일본 측에서는 "3년에 한번씩으로 하라"고 했다 한다. 12월, 성덕왕은 각간 사공(思恭)과 이찬 정종(貞宗)·윤충(允忠)·사인(思仁)을 각각 장군으로 삼았다.

733년(성덕왕 32), 오랜만에 신라와 관련된 국제적인 파란이 일었다. 발해(渤海)가 바다를 건너 당의 등주(登州)를 침공해 간 것이다. 7월, 당 현종은 태복원외경(太僕員外卿) 김사란(金思蘭)을 신라로 귀국시켜 왕에게 관작을 더해 개부의동삼사(開府儀同三司) 영해군사(寧海軍使)로 임명하면서, 발해의 남쪽 변방을 공격해 달라는 요청을 했다.

신라 측에서는 군대를 동원했지만, 때마침 큰 눈이 내려 산길이 막혔다고 한다. 그래서 동원된 병력 중 절반 이상의 전사자만 내고 아무런 전과를 거두지 못하고 돌아왔다는 입장을 취했다. 사실 신라 측에서는 발해와 당의 전쟁에 적극적으로 개입하려 한 것 같지는 않다.

『삼국사기』에서는 이 사건에 대한 기록 뒤에, 당의 요청을 전달한 김사란에 대한 기록을 남겨놓았다. 왕족인 김사란이 당나라에 조공 사절로 파견되었을 때, 당 측에서 사람됨이 공손하고 예의기 있어 숙위를 시켰다가, 발해와의 분쟁이 생기자 신라와의 협력을 위한 임무를 주어 보냈다는 것이다.

이후에도 당과의 교류가 성덕왕대 기록의 주류를 이룬다. 이해 12월에도 성덕왕의 조카 지렴(志廉)을 당나라에 조공 사절로 파견했다. 이전에 당 황제는 성덕왕에게 흰 앵무새 암수 각 1마리씩과 자주색 얇은 비단에 수놓은 두루마기[자라수포紫羅繡袍], 금은으로 세공한 그릇, 상서로운 무늬가 있는 비단, 다섯 가지 색깔로 물들인 얇은 비단[오색라채五色羅綵] 등 도합 300여 단(段)을 보내 준 바 있었다. 성덕왕은 이 때 보내준 물건에 대한 감사의 의사를 전한 것이다. 그러면서 작은 말 2필과 개 3마리, 금 500냥, 은 20냥, 베 60필, 우황 20냥, 인삼 200근, 두발 100냥, 바다표범 가죽 16장을 당에 보냈다. 당 측에서도 김지렴을 대궐 내전에서 대접하도록 하고, 그에게 비단 다발[속백束帛]을 내려주었다.

734년(성덕왕 33) 정월, 백관들에게 직접 대궐 북문으로 들어와 아뢰고 대답하도록 하라는 교서를 내렸다. 이때 당나라에 들어가 숙위하던 좌령군위원외장군(左領軍衛員外將軍) 김충신(金忠信)이 황제에게 글을 올렸다. 자신을 신라로 돌려보내면서 임시로 부사(副使) 직책을 주어, 오랑캐를 토벌하라는 황제의 명령을 전하도록 해달라는 내용이었다. 당 황제는 이를 받아들였다.

4월에도 대신 김단갈단(金端竭丹)을 새해 축하 사절로 당나라에 보냈다. 당 황제는 이번에도 내전에서 잔치를 베풀며 접견하고, 위위소경(衛尉少卿) 관작과 비색 난포(襴袍)와 평만은대(平漫銀帶) 및 명주 60필을 주었다. 그리고 이때, 앞서 당에 파견되었던 김지렴에게 홍려소경원외치(鴻臚少卿員外置) 관작을 하사했다.『속일본기』에는 이해 12월, 신라 사신이 왔다고 보고하는 기록이 나온다.

735년(성덕왕 34) 정월, 형혹(熒惑)이 달을 침범하는 현상이 관측되었다. 그런 현상에 상관없이 신라에서는 김의충(金義忠)을 당나라에 새해 축하 사절로 보냈다. 2월에는 부사(副使) 김영(金榮)이 당나라에서 죽었다. 당에서는 그에게 광록소경(光祿少卿) 벼슬을 추가로 주었다. 김의충이 돌아올 때, 당에서는 조칙 형식으로 패강(浿江) 이남의 땅을 신라 영토로 인정했다.

그런데『속일본기』에는 작년 12월 왔다는 신라 사신이 이 해 2월 일본의 수도에 진입했는데, 국서에 왕성국(王城國)이라는 문구가 있다는 이유로 돌려보냈다 한다.

736년(성덕왕 35),『속일본기』에는 지난해의 갈등에도 불구하고 이해 2월 신라에 보낼 사신을 정했다고 되어 있다. 신라에서는 특이하게 여름으로 접어드는 6월에 새해 축하 사절을 당나라로 보냈다 한다. 그러면서 패강(浿江) 이남 땅을 영토로 인정해준나는 칙서(勅書)에 감사 뜻을 전했다. 11월에도 성덕왕의 종제(從弟) 대아찬 김상(金相)을 당나라에 조공 사절로 보냈다. 그런데 그가 도중에서 죽는 사태가 일어났다. 당 황제는 이 사건에 슬픔을 표시하며 그에게 위위경(衛尉卿) 관작을 추가로 주었다. 이때 즈음 이찬 윤충·사인·영술(英述)을 보내 평양주(平壤州)와 우두주(牛頭州) 2개 주(州)의 지세를 살펴보게 했다. 그런데 개가 재성(在城) 고루

(鼓樓)에 올라가 사흘 동안 짖는 이변이 있었다.

737년(성덕왕 36) 정월, 『속일본기』에는 지난해에 신라로 보낸 사신 수장급들이 죽거나 병에 걸려 일본 수도로 들어가지도 못하는 사정이 기록되어 있다. 그런데 다음 달인 2월, 신라 측에서 "일본 사신의 뜻을 받아들이지 않았다"는 보고가 올라갔고, 일본 조정에서는 대책을 강구했다. 그 와중에 "사신을 파견하여 사정을 알아보자"는 의견과 "군사적으로 정벌하자"는 의견이 나왔다 한다. 신라에 갔던 사신단의 부사(副使)는 3월에야 수도에 들어와 4월 초하루에 신라와의 갈등을 보고했다.

2월에 사찬 김포질(金抱質)을 당나라에 새해 축하 사절로 보내고, 토산물을 바쳤다. 이해에 왕이 죽었다. 시호를 성덕(聖德)이라 붙이고 이거사(移車寺) 남쪽에 장사 지냈다.

제34대 효성왕

성덕왕이 죽자, 737년(효성왕 1)에 둘째 아들 승경(承慶)이 왕위에 올랐다. 그가 효성왕(孝成王)이며, 소덕왕후(炤德王后)가 어머니이다. 효성왕은 즉위하면서 대규모 사면령을 내렸다. 3월에 사성부(司正府)와 좌·우의빙부(左·右議方府)의 승(丞) 명칭을 모두 좌(佐)로 바꾸었다. 그러면서 이찬 정종(貞宗)을 상대등(上大等)으로, 아찬 의충(義忠)을 중시(中侍)로 삼았다.

한참 정국운영의 기틀을 잡아나갈 때 즈음인 5월에 지진이 일어났고, 9월에는 유성(流星)이 태미(太微)에 들어가는 현상이 관측되었다. 10월에 당나라에 갔던 사찬 포질(抱質)

이 돌아오자, 신라는 12월에도 당나라에 사신과 함께 토산물을 보냈다.

738년(효성왕 2) 정월, 『속일본기』에는 신라 조공 사절의 도착을 보고하는 내용이 보인다. 그리고 6월, 지난해에 신라 정벌 얘기까지 나왔다면서도, 아무 일 없었다는 듯이 신라 사신들에게 잔치를 베풀고 돌려보냈다 한다.

2월, 당나라 현종이 성덕왕의 죽음에 대해 조의를 표시해 왔다. 그러면서 좌찬선대부(左贊善大夫) 형숙(邢璹)을 홍려소경(鴻臚少卿)으로 임명해 조문 사절로 보냈다. 이와 함께 성덕왕에게 태자태보(太子太保) 벼슬을 추가로 더해주었다. 뒤를 이은 효소왕은 개부의동삼사(開府儀同三司) 신라 왕(新羅王)으로 책봉했다.

형숙이 당나라에서 출발할 때 즈음, 당 황제가 시의 서문을 짓고 태자 이하 백관들이 모두 부(賦)와 시(詩)를 지어 전송했다. 당 황제는 이때 형숙에게 "신라는 중국과 비슷하게 글을 잘 알아 군자(君子)의 나라라 일컬어지고 있다. 그대도 독실한 선비여서 신임장을 주어 보내는 것이니, 경서(經書)의 뜻을 강연하여 대국(大國)에 유교(儒教)가 성함을 알려 달라"고 당부했다.

바둑을 잘 두는 신라 사람들을 의식하여 솔부병조참군(率府兵曹叅軍) 양계응(楊季膺)을 신라로 보내는 사신단의 부사

(副使)로 삼았다. 『삼국사기』에는 이 덕분에 신라의 바둑 고수는 모두 그 밑에서 나왔다고 했다. 이렇게 우호적인 분위기에서 사신이 오고가자, 효성왕도 형숙 등에게 금으로 된 보물과 약을 후하게 주었다.

이때 당에서는 사신을 통해 조칙 형식으로 왕비 박씨를 책봉했다. 그런데 이 기록에는 약간의 의문이 제기될 수 있다. 효성왕이 바로 왕비를 맞아들이는 기록이 나오고, 2년 후에는 당에서 그 왕비를 책봉해주고 있기 때문이다. 이를 두고 왕비가 2명 있었다는 학설과, 효성왕 4년의 기록을 잘못 베껴놓은 것이라는 주장이 있다.

어쨌든 3월에는 다시 신라 측에서 김원현(金元玄)을 당나라에 보내 새해를 축하했다. 4월에는 당 사신 형숙이 노자(老子) 도덕경(道德經) 등의 책을 효성왕에게 바쳤다. 당과의 관계가 이렇게 우호적으로 풀리고 있는 분위기에서, 흰 무지개가 해를 꿰뚫었고, 소부리군(所夫里郡)의 강물이 핏빛으로 변했다.

739년(효성왕 3) 정월, 효성왕은 할아버지와 아버지의 사당[조고묘祖考廟]에 참배했다. 중시 의충(義忠)이 죽어, 이찬 신충(信忠)으로 교체했다. 이즈음 선천궁(善天宮)이 완성되었고, 효성왕은 당 사신 형숙에게 황금 30냥, 베 50필, 인삼 100근을 주었다. 2월, 효성왕은 아우 헌영(憲英)을 파진찬으로 삼았다. 3월에는 이찬 순원(順元)의 딸 혜명(惠明)을 왕비로 맞아들였다. 『삼국유사』에서는 혜명이 진종(眞宗) 각간의 딸이라 기록해놓았다. 5월에는 이례적으로 동생 헌영(憲英)을 태자(太子)로 책봉했다. 이후 이변이 이어졌다. 9월에 완산주에서 흰 까치를 바쳤고, 월성(月城)의 궁 안에서 우는 여우를 개가 물어 죽였다.

740년(효성왕 4) 3월 당나라에서 사신을 보내 부인 김씨를 왕비로 책봉했다. 『속일본기』에는 이해 4월 신라로 보내는 일본 사신이 출발했다 한다. 5월에 진성(鎭星)이 헌원대성(軒轅大星)을 침범하는 현상이 관측되었다. 이후 이상한 현상이 나타났다. 7월에 다홍색 옷을 입은 어떤 여자가 예교(隸橋) 아래에서 나와, 나라의 정치를 비방하다가 효신공(孝信公)의 집 대문을 지나면서 갑자기 사라졌던 것이다. 『속일본기』에는 9월 신라 사신의 배가 들어왔다는 보고를 받았다며, "배의 물건은 보관하고, 사신 중 채용할만한 사람이 있으면 현재 책임자가 임용하라"는 명령을 내렸다고 적혀 있다.

그리고 8월에는 파진찬 영종(永宗)이 반역을 꾀하다가 처형당하는 사건이 일어났다. 효성왕이 후궁(後宮)으로 들어왔던 영종의 딸을 몹시 사랑하자, 왕비가 이를 질투하여 자기 집안사람들과 공모하여 영종의 딸을 죽이고자 했던 것이 원인이었다. 영종은 그에 대항하려다가 반역죄로 몰렸다는 것이다.

741년(효성왕 5) 4월, 대신(大臣) 정종(貞宗)과 사인(思仁)에게 노병(弩兵)을 사열하라는 명령을 내렸다.

742년(효성왕 6) 2월, 동북쪽에서 천둥치는 것 같은 소리와 함께 지진이 일어났다. 이 시기 『속일본기』에는 187명에 이르는 대규모 신라 사신단이 일본에 왔다고 되어 있다. 그런데 이때 일본에서는 궁궐을 수리하느라고 다자이후[태재부太宰府]에서 대접하고 돌려보냈다고 한다.

그리고 5월에는 유성이 삼대(參大)를 침범하는 현상이 관측되었다. 그런 다음 왕이 죽었다. 효성(孝成)이라는 시호를 붙이고, 유언에 따라 시신을 법류사(法流寺) 남쪽에서 태운 다음 그 뼈를 동해에 뿌렸다.

제35대 경덕왕

즉위 후 갈등과 개혁 추진

742년(경덕왕 1)에 효성왕의 뒤를 이은 경덕왕(景德王)은 739년(효성왕 3)에 태자로 책봉됐던, 왕의 친동생 헌영(憲英)이다. 효성왕에게 아들이 없어 동생을 태자로 책봉했다 한다. 경덕왕의 왕비는 이찬 순정(順貞)의 딸이다. 삼모부인(三毛夫人)이라고도 불렸는데, 이 왕비는 아이를 낳지 못했다는 이유로 곧 쫓겨났다. 즉위한 해 742년(경덕왕 1) 10월에 일본 사신이 왔으나, 경덕왕이 만나주지 않았다.

743년(경덕왕 2) 3월, 주력공(主力公) 집의 소가 한꺼번에

송아지 3마리를 낳았던 사건이 기록되어 있다. 이때 당나라 현종은 찬선대부(贊善大夫) 위요(魏曜)를 조문사절로 보내서 경덕왕을 신라 왕(新羅王)으로 책봉하며 효성왕의 관작을 잇게 했다. 그러면서 덕담을 담은 조서와 함께 현종이 직접 풀이한 효경(孝經) 1부를 보내왔다.

지난해에 경덕왕이 일본 사신을 만나보지도 않고 돌려보냈음에도, 『속일본기』에는 이때 신라 조공 사절단이 도착했다고 되어 있다. 그리고 이는 곧 신라와 일본의 외교적 갈등으로 번졌다. 4월, 일본 측에서 신라 사신에 대해 조사해보니 "조(調)를 토모(土毛: 토산물)라 바꿔 쓰면서 이전까지 지켜오던 관례를 깼다"는 보고가 올라갔으며, 이 상황에 항의하고 돌려보내는 조치를 취했다 한다.

『삼국사기』에는 이 시기 일본과의 관계에 대한 언급 없이, "서불한(舒弗邯) 김의충(金義忠)의 딸을 맞아들여 왕비로 삼았다"는 이야기만 나온다. 이 왕비가 『삼국유사』에 나오는 만월부인(滿月夫人)이고, 경수왕후(景垂王后: 또는 경목景穆)이다.

8월에 지진이 일어났지만, 12월에도 신라에서는 왕의 아우를 당나라에 새해 축하 사절로 보냈다. 당 황제는 신라 사신에게 좌청도솔부 원외장사(左淸道率府員外長史) 벼슬을 주고 녹색 관복과 은으로 장식한 띠를 주어 돌려보냈다.

744년(경덕왕 3) 정월, 이찬 유정(惟正)을 중시로 임명했다.

윤 2월에는 또 당나라에 새해를 축하 사절을 보내고 아울러 토산물을 바쳤다. 4월이 되자, 경덕왕은 몸소 신궁(神宮)에 제사 지냈다. 그러면서 또 당나라에 사신을 보내 말을 바쳤다. 겨울에 크기가 다섯 말(斗)들이 그릇만한 별이 하늘 한가운데에 나타났다가 열흘 만에 없어졌다.

745년(경덕왕 4) 정월, 이찬 김사인(金思仁)을 상대등(上大等)으로 임명했다. 4월에는 여름으로 접어드는 계절이었음에도, 수도에 크기가 달걀만한 우박이 내렸다. 이어 5월에는 가뭄이 들었다. 중시 유정이 관직에서 물러나, 이찬 대정(大正)으로 교체했다. 7월에는 동궁(東宮)을 수리하면서, 사정부(司正府), 소년감전(少年監典), 예궁전(穢宮典)도 만들었다.

746년(경덕왕 5) 2월에도 당나라에 새해 축하 사절과 함께 토산물을 바쳤다. 4월에는 대규모 사면령을 내리면서 백성들에게 큰 잔치를 베풀어 술과 음식을 내려주었으며, 150명에게 승려가 되는 것을 허락했다.

747년(경덕왕 6) 정월, 몇 가지 제도를 정비하며 이후 지속될 개혁의 시동을 걸쳤다. 중시(中侍)를 시중(侍中)으로 고쳤고, 국학(國學) 과정에 박사(博士)와 조교(助敎)를 두었다. 그러면서 당나라에 새해 축하 사절과 함께 토산물을 바쳤다.

이후 이변과 재해가 잇달았다. 3월에는 진평왕릉(眞平王陵)에 벼락이 쳤고, 가을에는 가뭄이 들었으며, 겨울에까지 눈이 내리지 않았다. 이런 재해 때문에 백성들이 굶주리며 전염병이 번져, 10개 방면으로 사람을 파견하여 백성들을 위로하고 안정시켰다. 그렇지만 신라가 안정된 것 같지는 않았다.

748년(경덕왕 7) 정월, 유성이 땅에 떨어졌고, 8월에는 태후가 영명신궁(永明新宮)으로 옮겨갔다. 그런 후 정찰(貞察) 1인을 두어 관리들의 잘못을 살펴 바로잡게 했다 하니, 그만큼 민심이 불안했다는 뜻이 되겠다. 그런 맥락에서 아찬 정절(貞節) 등을 북쪽 변경으로 보내 관리들을 감찰하면서, 대곡성(大谷城) 등 14개의 군과 현을 새로 만들었다.

749년(경덕왕 8) 2월, 폭풍이 불어 나무가 뽑히는 일이 있자, 3월에 천문박사(天文博士: 기상 관찰을 맡은 관리) 1인과 누각박사(漏刻博士: 시간 측정을 맡은 관리) 6인을 두었다.

750년(경덕왕 9) 정월 시중 대정이 관직에서 물러났으므로, 이찬 조량(朝良)으로 교체했다. 2월에는 어룡성(御龍省: 왕을 가까이서 모시는 임무를 맡은 관청)에 봉어(奉御) 2명을 두었다.

752년(경덕왕 11) 3월, 급찬 원신(原神)과 용방(龍方)에게 대아찬 지위를 내려주었다. 그런데 이 시기 『속일본기』에는 재미있는 기록이 나타난다. 윤 3월, 다자이후에서 신라 왕자 김태렴(金泰廉)을 위시한 신라 사신단이 왔다는 보고를 올렸다는 것이다. 그리고 이 사신단의 중심인물이라는 김태렴이 6월, 조정에 배알했다고 한다. 이 자리에서 김태렴은 "이번에

국왕이 몸소 조공을 바치려 했으나, 나라에 하루라도 임금이 없으면 안 될 것 같아 자신이 대신 조공을 바치러 왔다"고 했다고 쓰여 있다. 그러자 일본에서는 "옛날부터 일본을 모셔왔던 신라가, 왕자를 보내 조공을 바치니 기쁘다"며 "지금부터 위로하고 보살피겠다"고 했단다. 김태렴도 이에 맞장구치며 "하늘 아래 천황의 신하가 아닌 곳이 없다"했다 한다.

이런 대화를 주고받은 다음 일본에서 잔치를 베풀어주었다. 이 자리에서는 "신라의 효성왕 때 예의가 없어 죄를 물으려 했는데, 지금 왕은 잘못을 뉘우치고 몸소 오려고 했다. 그러나 나라를 돌봐야 해서 왕자 태렴 등이 대신 조공을 바치니, 그 정성에 관위를 올려주고 물건을 내린다"며 "앞으로는 국왕이 직접 오든가, 다른 사람을 보낼 때는 반드시 표문(表文)을 보내라"고 했단다.

신라에서는 8월에는 동궁아관(東宮衙官)을 두고, 10월에는 창부(倉部)에 사(史) 3인을 더 두었다.

753년(경덕왕 12) 『속일본기』에는 2월, 신라에 파견할 사신을 정했다. 지난해에 김태렴이 온 데 대한 답이라고 할 수 있다. 그런데 이 사신을 대하는 신라의 태도는 『속일본기』에 기록된 김태렴의 말과는 완전히 달랐다. 경덕왕은 8월에 도착한 일본 사신이, '오만하고 예의가 없어' 만나주지도 않았다. 결국 일본 사신들은 그냥 돌아갔다. 이때 무진주(武珍州)에서 흰 꿩을 바쳤다.

754년(경덕왕 13) 『속일본기』에는 당에서 일어났다는 신라 사신과 자기네 사신의 지위 다툼에 대한 이야기가 나온다. 당에서 신라 사신은 동쪽 줄의 1순위 대식국(大食國) 위에 있었고, 일본 사신은 서쪽 줄 2순위 토번(吐藩) 밑에 두는 것을 보고 항의하여 자리를 바꿨다는 것이다. 물론 이 이야기는 『속일본기』의 일방적인 서술일 뿐 확인된 내용은 아니다. 심지어 『속일본기』에는 지난해에 신라에서 당한 자기 사신에 대한 이야기나 이에 대한 대응에 관한 이야기도 없다.

신라에서는 여름으로 접어드는 음력 4월인데도 수도에 달걀만한 우박이 내렸다. 5월에는 성덕왕비(聖德王碑)를 세웠고, 우두주에서 상서로운 지초[서지瑞芝]를 바쳤다. 7월, 경덕왕은 영흥사(永興寺)와 원연사(元延寺)의 두 절을 수리하라는 명을 내렸다. 그런 후, 8월에는 가뭄이 든 네나가 메뚜기 떼까지 피해를 주었다. 이런 와중에 시중 조량(朝良)이 관직에서 물러났다.

755년(경덕왕 14) 봄, 지난해에 재해를 입은 탓에 기근이 들었다. 『삼국사기』에는 기근이 든 와중에 일어났던 미담 하나가 소개되어 있다. 웅천주의 향덕(向德)이란 사람이 가난 때문에 어버이를 봉양할 수 없게 되자, 자기 다리의 살을 베어 그 아버지에게 먹이고 어머니의 종기를 입으로 빨아 치료했다는 것이다. 경덕왕이 그 소문을 듣고 향덕에게 많은 물품을 주고 마을에 정문(旌門)을 세워 표창하였다. 그래서 고려 때까지 향덕이 살았던 곳을 효가리(孝家里)라고 불렀다 한다.

그리고 망덕사(望德寺) 탑이 흔들리는 일이 있었다.『삼국사기』에는 이 사건을 당나라의 상황과 연결시켜 만들어 낸 이야기를 소개하고 있다. 당나라 영호징(令狐澄)의『신라국기(新羅國記)』에 "망덕사 라는 절 이름은 신라가 당나라를 위하여 이 절을 세우면서 붙였던 것"이라고 했다. 높이가 13층이며 서로 마주보며 서 있는 두 탑이, 갑자기 심하게 흔들리며 며칠 동안 떨어졌다 붙었다 하기를 반복하여 곧 넘어질 것 같았다. 영호징은 "이해에 안록산(安祿山)의 난이 일어난 것과 연관이 있지 않을까?"라는 물음을 던졌다 한다. 물론 이는 영호징이 자기 나라에서 일어난 사건에 망덕사 탑이 흔들린 현상을 갖다 붙여 해석한 것에 불과하다고 보아야 할 듯하다.

이해에는 4월에 새해 축하 사절을 당으로 보냈다. 7월에는 죄인을 사면하고 늙고 병든 사람과 홀아비·홀어미·부모 없는 어린아이·자식 없는 늙은이들을 위문하며 차등을 두어 곡식을 내려주었다. 그리고 이찬 김기(金耆)를 시중으로 임명했다.

756년(경덕왕 15) 2월, 상대등 김사인이 최근에 재앙과 이변이 자주 나타난다는 점을 들어 왕에게 시국의 현안에 대해 따지는 글을 올렸다. 경덕왕이 이를 기꺼이 받아들였다 한다. 경덕왕은 당나라 현종이 촉(蜀)지방에 있다는 말을 듣고, 그 지방의 중심지 성도(成都)까지 조공 사절을 보냈다. 당 현종도 오언십운시(五言十韻詩)를 몸소 지어 그 성의에 답했다. 『삼국사기』 편찬자들은 이때 당 현종이 보낸 내용을, 고려시대 송나라에 사신으로 갔던 김부의(金富儀)가 확인했다는 사실까지 소개하며 비중 있게 다루고 있다.

이해 여름으로 접어드는 음력 4월임에도 큰 우박이 내렸다. 이즈음 대영랑(大永郞)이라는 사람이 흰 여우를 바치자, 경덕왕은 그에게 남변제일(南邊第一) 벼슬을 주었다.

개혁의 후퇴에 이어지는 파란

757년(경덕왕 16) 정월, 상대등 김사인(思仁)이 병을 이유로 관직을 그만두자, 이찬 신충(信忠)으로 교체했다. 이후 경덕왕의 개혁이 후퇴하는 조짐을 보였다. 3월에 전국의 관리들에게 매달 주던 녹봉을 없애고, 다시 녹읍(祿邑)을 주는 조치를 취했다. 그래도 7월에는 영창궁(永昌宮)을 다시 수리했고, 8월에 조부(調府)에 사(史) 2명을 더 두었다. 12월에는 사벌주(沙伐州)를 상주(尙州)로 고치고 1주·10군·30현을, 삽량주(歃良州)를 양주(良州 또는 양주(梁州))로 고치고 1주·1소경·12군·34현을, 청주(菁州)를 강주(康州)로 고치고 1주·11군·27현을, 한산주(漢山州)를 한주(漢州)로 고치고 1주·1소경·27군·46현을, 수약주(首若州)를 삭주(朔州)로 고치고 1주·1소경·11군·27현을, 웅천주(熊川州)를 웅주(熊州)로 고치고 1주·1소경·13군·29현을, 하서주(河西州)를 명주(溟州)로 고치고 1주·9군·25현을, 완산주(完山州)를 전주(全州)로 고치고 1주·1소경·10군·31현을, 무진주(武珍州)를 무주(武州)로 고치고 1주·14군·44현을 소속시키는, 행정 구역 개편을 단행했다.

758년(경덕왕 17) 정월에 시중 김기(金耆)가 죽어, 이찬 염상(廉相)으로 교체했다. 그리고 2월, "전국의 관리 중 만(滿) 60일 동안 휴가를 청한 사람이 관직에서 물러나려 하면 허용해주라"는 교서를 내렸다.

4월에 의술을 맡은 관리 가운데 의학을 깊이 연구한 사람을 뽑아 내공봉(內供奉: 대궐 안에서 국왕과 왕실을 위해 행차·건강·점복 등의 업무를 수행하였을 것으로 추정된다)에 충원하고, 율령박사(律令博士) 2명을 두었다. 7월 23일에 왕자가 태어났는데,

이즈음 천둥과 번개가 크게 쳤고, 절 16곳에 벼락이 떨어졌다. 8월에는 또 당나라에 조공 사절을 보냈다.『속일본기』에는 이해 8월, 귀화한 신라인들을 이주시키면서 신라군(新羅郡)을 설치했다 되어 있다.

759년(경덕왕 18) 정월, 이번에는 관직 명칭에 대한 개혁을 단행했다. 병부(兵部)와 창부(倉部)의 경(卿)과 감(監)을 시랑(侍郎)으로, 대사(大舍)를 낭중(郎中)으로, 집사 사지(執事舍知)를 집사 원외랑(執事員外郎)으로, 집사 사(執事史)를 집사 랑(執事郎)으로 고쳤다. 조부(調府)·예부(禮部)·승부(乘府)·선부(船府)·영객부(領客府)·좌우의방부(左右議方府)·사정부(司正府)·위화부(位和府)·예작전(例作典)·대학감(大學監)·대도서(大道署)·영창궁(永昌宮) 등의 대사(大舍)는 주부(主簿)로, 상사서(賞賜署)·전사서(典祀署)·음성서(音聲署)·공장부(工匠府)·채전(彩典) 등의 대사(大舍)는 주서(主書)로 고쳤다.

이는 2월에도 이어졌다. 예부(禮部)의 시지(舍知)를 사례(司禮)로, 조부(調府)의 사지(舍知)를 사고(司庫)로, 영객부(領客府)의 사지(舍知)를 사의(司儀)로, 승부(乘府)의 사지(舍知)를 사목(司牧)으로, 선부(船府)의 사지(舍知)를 사주(司舟)로, 예작부(例作府)의 사지(舍知)를 사례(司例)로, 병부(兵部)의 노사지(弩舍知)를 사병(司兵)으로, 창부(倉部)의 조사지(租舍知)를 사창(司倉)으로 고친 것이다. 이를 치르고 난 후인 3월에 살별이 나타났다가, 가을이 되어서야 없어졌다 한다.

『속일본기』에는 이해 6월 신라를 정벌하기 위해 다자이후에 준비시켰다는 기록이 나온다. 그리고 9월에는 최근 "신라에서 귀화한 사람들 중 돌아가고 싶어 하는 자들에게 식량을 주어 돌려보내라"는 명을 내리며, 신라를 정벌하기 위한 배 500척을 만들게 했다 한다.

760년(경덕왕 19) 정월, 도성(都城) 동쪽[寅方]에서 북치는 소리가 들렸다. 이를 두고 귀신의 북소리라는 소문이 돌았다. 불길한 징조에도 불구하고 2월에는 궁궐 안에 큰 연못을 파고, 궁궐 남쪽의 문천(蚊川) 위에 월정교(月淨橋)와 춘양교(春陽橋) 두 다리를 놓았다. 4월에는 시중 염상(廉相)이 관직에서 물러나서, 이찬 김옹(金邕)으로 교체했다. 7월에는 왕자 건운(乾運)을 왕태자로 책봉했다.

그런데 이해 9월 『속일본기』에는 신라에서 사신을 보내왔다는 보고가 들어왔다는 내용이 보인다. 사신 파견 이유를 물으니, "조공 바친 지 오래 되어 바치러 왔다"며 "일본의 풍속과 말을 배우러 2명을 보냈다"는 답을 들었다 한다. 그래서 일본 측에서는 "신라는 신의가 없다"며, "왕자 김태렴의 말을 듣고 사신을 보냈더니, 너희 나라가 박대하여 그냥 돌아왔다. 왕자도 못 믿겠는데, 그보다 지위가 낮은 사신을 어떻게 믿느냐"며 항의했다. 신라 사신이 "그때 자신은 밖으로 나가 있었고, 미천한 사람이라 사정도 모른다"고 하자, 일본 측에서는 "미천한 사람을 손님으로 대접할 수 없으니, 당장 돌아가 실권 가진 사람을 보내라 전하라"며 돌려보냈다.

761년(경덕왕 20), 『속일본기』에는 신라를 정벌하기 위해 소년들을 선발하여 신라 말을 가르쳤다는 이야기가 나온다. 반면 『삼국사기』에는 일본의 상황과 관계없는 천문 현상에 관한 기록만 보인다. 정월 초하루에 무지개가 해를 꿰뚫었는데, 해에 귀고리 같은 것이 보였다 한다. 4월에는 살별이 나타났다.

762년(경덕왕 21) 5월, 오곡(五谷)·휴암(鵂巖)·한성(漢城)·장새(獐塞)·지성(池城)·덕곡(德谷)의 여섯 성을 쌓고 각각 태수를 두었다. 9월에는 당나라에 조공 사절을 보냈다는 기록이 몇 년 만에 나타났다. 『속일본기』에는 이해 11월, 신라 정벌을 위해 군대를 훈련시켰다는 이야기가 나온다.

763년(경덕왕 22) 2월, 『속일본기』의 신라 이야기가 이어진다. 이때 신라에서 211명의 사신단이 오자, 지난 번 신라 사신에게 전하라 했던 말부터 확인했다. 그렇지만 이번에도 신라 사신들은 "모르는 일"이라는 대답을 내놓을 뿐이었다. 그런데도 일본에서는 "이번만큼은 수도에서 평상시처럼 대접하겠지만, 사신이 국가 차원에서 확인하는 일을 모른다고만 하는 것도 도리가 아니니 앞으로는 왕자 아니면 실세 대신이 조공을 바치게 하라"고 명령했다 한다.

『삼국사기』에는 일본에 보낸 사신 이야기가 전혀 나오지 않는다. 단지 4월에도 당나라에 조공 사절을 보냈다는 내용만 보일 뿐이다. 7월에는 수도에 기와가 날아가고 나무가 뽑힐 정도의 큰바람이 불었다. 8월에는 봄에 피어야 정상인 복숭아꽃과 오얏꽃이 다시 피었다. 이러한 재해와 이변을 겪는 중에 상대등 신충(信忠)과 시중 김옹(金邕)이 관직에서 물러났다.

경덕왕이 총애하는 신하 대나마 이순(李純)은, 하루 아침에 세상을 피하여 산 속으로 들어갔다 한다. 경덕왕이 여러 번 불렀으나 나오지 않고, 승려가 되어 단속사(斷俗寺)를 세우고 거기서 살았다. 그러나 그가 속세에 관심을 잃은 것은 아닌 듯하다. 나중에 왕이 풍악을 좋아한다는 말을 듣고, 궁궐 문에 가서 충고를 했기 때문이다. "옛날 걸(桀)과 주(紂)가 술과 여자에 빠져 음탕한 음악을 그치지 않다가, 나라가 망했다 하니 대왕께서는 허물을 고치고 나라의 수명을 늘려 달라"고 했다 한다. 경덕왕이 이 말을 듣고 곧 그를 방으로 불러 불교의 이치와 나라를 다스리는 방책을 며칠 동안 들었다. 이를 보면 이순은 경덕왕의 정국 운영에 불만을 품고 물러났다가 기회를 봐서 간언(諫言)을 한다며 영향력을 행사하려 한 것인 듯하다.

764년(경덕왕 23) 정월, 이찬 만종(萬宗)을 상대등으로, 아찬 양상(良相)을 시중으로 삼는 개편을 단행했다. 그런데 이후 또 이변이라 여겨지는 현상이 나타났다. 3월에는 살별이 동남쪽에 나타났고, 양산(楊山) 아래에 용이 나타났다가 금방 날아가 버렸다 한다.

『속일본기』에는 이해 7월 또 신라에서 보내온 사신단에 대한 이야기가 나온다. 일본 측에서 온 이유를 물었더니, 신라 사신은 "지난해 발해에서 돌아온 일본 승려 계융(戒融)의 소식을 당(唐)의 사신에게 전하기 위해서"라고 답을 주었다 한다. 일본 측에서도 '신라가 왜 남의 일에 나서느냐'고 묻지는 않고, "일본이 쳐들어올까봐 신라에서 군대를 동원한다는데 사실인가?"를 물었다. 신라 사신은 "당에서 난리가 나 해적들이 설쳐 그런 것"이라고 대답했다 한다.

이런 일이 있은 후 몇 년 동안 왜와 신라 관계에 대한 기록이 나타나지 않는다. 12월 11일에 크고 작은 유성이 나타났는데, 그 수를 이루 다 셀 수 없을 정도였다.

765년(경덕왕 24) 4월에도 지진이 일어났다. 이즈음 당나라에 조공 사절을 보냈더니 당 황제가 사신에게 검교예부상서(檢校禮部尙書) 벼슬을 주었다. 6월에 유성이 심성(心星)을 범했고, 이달에 왕이 죽었다. 경덕(景德)이라는 시호를 붙이고, 모지사(毛祗寺) 서쪽 산봉우리에 장사 지냈다.

이 부분의 『삼국사기』에는 경덕왕이 죽은 시기에, 예부터 전해 내려오는 기록과 중국 측 기록에 차이가 있음을 언급해놓았다. 『고기(古記)』에는 765년(경덕왕 24)에 경덕왕이 죽었다고 되어 있으나, 『구당서』와 『자치통감』에는 767년에 죽은 것으로 기록하고 있다는 것이다.

제36대 혜공왕

어린 왕의 즉위와 혼란한 정국

경덕왕의 뒤는 765년(혜공왕 1), 맏아들 건운(乾運)이 이었다. 그가 혜공왕이다. 그의 어머니가 경덕왕이 즉위한 다음해에 맞아들였던 서불한 김의충의 딸 만월부인(滿月夫人)이다. 혜공왕의 첫째 왕비인 신보왕후(新寶王后)는 이찬 유성(維誠)의 딸이고 둘째 왕비는 이찬 김장(金璋)의 딸이다. 그런데 기록에는 이들이 궁중에 들어온 날짜가 빠져 있다.

혜공왕이 즉위할 당시 나이가 여덟 살이어서, 태후가 섭정을 해야 했다. 즉위한 해, 관례처럼 대규모 사면령을 내렸

다. 그럼 다음, 어린 나이임에도 불구하고 왕이 직접 태학(太
學)에 들러 박사들에게 상서(尙書)를 강의하게 했다.

766년(혜공왕 2) 정월, 해가 두 개 나타나는 이변이 있은
후, 또 대규모 사면령을 내렸다. 2월에 왕이 몸소 신궁에 제
사 지냈다. 그랬음에도 불구하고 이변이 이어졌다. 양리공(良
里公)의 집 암소가 다리가 다섯인 송아지를 낳았다. 그런데
다리 하나는 위쪽으로 나 있었다. 강주(康州)에서 땅이 꺼져,
길이와 넓이가 50여 자나 되고 물빛은 검푸른 색연못이 되
었다. 10월에도 하늘에서 북치는 것 같은 소리가 났다.

767년(혜공왕 3)에도 재해가 났다. 6월에 지진이 일어난 것
이다. 이런 와중인 7월에 이찬 김은거(金隱居)를 당나라에 보
내, 토산물을 바치고 책봉을 요청했다. 당 황제는 자신전(紫
宸殿)에 나와 혜공왕이 보낸 사신에게 연회를 베풀고 접견
했다. 별 세 개가 왕궁 뜰에 떨어져 서로 맞부딪쳐, 불꽃처럼
빛이 치솟았다가 흩어지는 일이 있었다. 9월에는 김포현(金
浦縣)에서 벼이삭이 모두 쌀로 변했다 한다.

768년(혜공왕 4) 봄에 살별이 동북쪽에 나타났다. 이때 즈
음 당나라 대종(代宗)이 창부랑중(倉部郎中) 귀숭경(歸崇敬)에
게 어사중승(御史中丞) 자리까지 겸직시켜 신라로 파견했다.
그는 혜공왕을 개부의동삼사(開府儀同三司) 신라 왕(新羅王)
으로, 왕의 어머니 김씨를 대비(大妃)로 책봉한다는 부절(符

節)과 조서를 가지고 왔다.

5월에는 사형죄를 빼고, 죄수들을 사면했다. 그런데도 이후에 이변과 재해가 이어졌다. 6월에는 수도에 천둥이 치고 우박이 내려 풀과 나무들이 상하는 일이 생겼다. 또 큰 별이 황룡사 남쪽에 떨어지며, 천둥처럼 요란한 소리가 나며 땅이 진동했다. 우물과 샘이 모두 마르면서, 호랑이가 궁궐 안에 들어오는 사건도 있었다.

이렇게 이변과 재해가 잇따르던 7월, 일길찬 대공(大恭)이 아우 아찬 대렴(大廉)과 함께 반란을 일으켰다. 이들이 동원한 무리가 33일간 왕궁을 에워쌌으나, 결국 관군이 이를 진압했다. 그 뒤 반란세력에게는 9족(九族)을 목 베어 죽이는 벌을 내렸다. 9월에는 당나라에 조공 사절을 보냈다. 10월, 이찬 신유(神猷)를 상대등으로 이찬 김은거를 시중으로 임명했다. 『속일본기』에는 이달, 일본 조정에서 난데없이 신라 사람들이 가져온 불선을 사주라는 지시를 내렸다는 기록이 보인다.

769년(혜공왕 5) 3월, 임해전에서 신하들에게 연회를 베풀었다. 그래도 여름으로 접어드는 음력 5월에, 메뚜기의 피해를 입은 데다가 가뭄까지 겹쳤다. 그러자 혜공왕은 신하들에게 각자 아는 인물들을 천거하라는 명을 내렸다. 그래도 이변이 이어졌다. 11월에는 치악현(雉岳縣)에서 쥐 80여 마리가 평양(平壤)을 향하여 이동했다 하며, 눈이 내리지 않았다. 『속일본기』에는 이때 일본 조정은 신라에서 파견되어 온 사신에게, 왜 왔는지를 물었다고 한다.

770년(혜공왕 6) 정월, 혜공왕은 서원경(西原京)으로 가면서 지나가는 길에 있는 주와 현에 갇혀 있던 죄수들의 정상을 살펴 사면해주었다. 그랬음에도 3월에 흙이 비처럼 내리는 이변이 있었다. 『속일본기』에는 이달, 신라와 일본 사이에 케케묵은 갈등이 다시 불붙었음을 보여주는 내용이 나타난다. 일본 조정에서는 이번에 온 신라 사신단에 "왜 전통적으로 조(調)를 바쳐오다가 토모라고 말을 바꾸었느냐"고 따졌다. 신라 사신단 측에서는 "별도로 바치는 것이라 그렇다"고 대답했다 한다. 그랬더니 일본 조정 측에서는 "지난 번 신라 사신이 자기들의 명령을 전달하지 않았다"며 불평한 다음, "지난번의 요구가 받아들여지지 않으면 손님 대우를 해주지 않을 것"이라 통보했다. 그러나 이번에는 "당의 소식과 당에 있는 자기네 사신의 편지를 전해준 공"을 생각해서 대접해주겠다며 잔치를 베풀어주었다.

혜공왕은 이런 상황에 아랑곳하지 않고 4월에 서원경으로부터 돌아왔다. 5월 11일에 살별이 오거(五車) 북쪽에 나타났다가 6월 12일에 이르러서야 없어졌다. 이달 29일에는 집사성(執事省)까지 들어온 호랑이를 잡아 죽였다. 그런 후인 8월,

대아찬 김융(金融)이 반란을 일으켰다가 실패하여 처형당했다. 11월에도 수도에 지진이 일어나는 재해를 입었다. 12월, 시중 은거(隱居)가 관직에서 물러나, 이찬 정문(正門)으로 교체했다.

772년(혜공왕 8) 이후에는 한동안 당과의 교류 기록만 이어진다. 정월, 이찬 김표석(金標石)을 당나라에 보내 새해 축하 사절로 보냈다. 그러자 당 대종(代宗)은 그에게 위위원외소경(衛尉員外少卿) 관작을 주어 돌려보냈다.

773년(혜공왕 9) 4월에도 당나라에 새해 축하 사절을 보내며, 금·은·우황·어아주(魚牙紬)·조하주(朝霞紬) 등의 토산물을 바쳤다. 6월에도 당나라에 사신을 보내 감사 표시를 하자, 대종이 연영전(延英殿)에서 신라 사신들을 접견했다.

774년(혜공왕 10) 3월, 또다시 왜와의 외교문제가 일어났다. 한동안 오지 않던 신라 사신이 이때 다자이후에 도착했고, 왜 조정에서는 또다시 목적을 물었다. 신라 측에서는 "옛날의 우호를 닦고 사신을 교환하러, 신라 물건과 당에 있는 일본 사신의 편지를 가져왔다"고 했다. 그러자 일본 조정에서는 "대등한 이웃도 아닌 신라가 우호와 사신 교환을 운운한다니 말이 안 되는데, 이전까지의 관례를 바꾸려는 이유가 무엇인가"라고 물었다. 신라 측에서는 "우호와 사신 파견을 바란다는 말을 반복하며, 앞에 왔던 사신은 임시로 파견된 사신이었을 뿐이어서 편의대로 대답한 모양"이라는 무성의한 답으로 일관했다. 이에 대해 일본 측에서는 "원래 신하를 칭하며 조공을 바쳐오던 신라가 관행을 바꾸려 한다"며, "우호를 위해 지금의 잘못을 바로잡으려" 사신 대우를 해주지 않고 바다 건널 식량만 제공하여 돌려보내는 조치를 취했다.

이런 상황에 상관없이 신라는 4월에도 당나라에 조공 사절을 보냈다. 그런데 『속일본기』에는 5월, 일본 조정에서 "최근 표류해 온 신라 사람들이 돌아갈 길이 없어 주저앉는 경우가 있으니, 이들을 돌려보내도록 도와 일본의 관대함을 보여라"는 명을 내렸다.

9월에는 모처럼 신라 내부 인사에 관한 기록이 나온다. 이찬 양상(良相)을 상대등으로 삼았다. 그런 후인 10월, 이채롭게 이 시기에 새해 축하 사절을 당으로 보냈다. 당 황제는 연영전에서 신라 사신을 접견하고, 원외위위경(員外衛尉卿)의 관작을 주어 돌려보냈다.

775년(혜공왕 11) 정월에도 당나라에 조공 사절을 보낸 기록이 이어진다. 3월에는 이찬 김순(金順)을 시중으로 삼았고, 6월에도 또 당나라에 조공 사절을 보냈다. 이때 이찬 김은거가 반란을 일으켰다가 처형했다. 이런 일이 있고 나서 얼마 되지 않는 8월, 또 이찬 염상(廉相)이 시중 정문(正門)과 함께 반역을 꾀하다가 처형당하는 사건이 터졌다.

혜공왕에 대한 저항의 이면

776년(혜공왕 12) 정월, 교서를 내려 관직의 이름을 모두 옛 것으로 환원하는 조치를 취했다. 이는 반란이 이어지면서, 경덕왕 때부터 이어져 온 개혁이 후퇴했다는 시사로 해석된다. 혜공왕은 이렇게 어수선한 시기, 감은사(感恩寺)로 행차하여 바다에 망제(望祭)를 지냈다. 2월에는 또 국학(國學)에 들러 강의를 들었다. 3월에는 창부(倉部)에 사(史) 8인을 더 두었다. 7월과 10월에는 연거푸 당나라에 조공 사절을 보냈다.

777년(혜공왕 13), 이번에는 지진이 3월과 4월에 연이어 일어났다. 상대등 김양상(金良相)이 왕에게 글을 올려 시국 상황에 대해 심각하게 의견을 개진했다. 그런 뒤인 10월, 이찬 김주원(周元)을 시중으로 삼았다.

779년(혜공왕 15) 2월, 일본 조정에서 당에 파견한 자기네 사신을 데려오기 위해 한동안 끊어졌던 신라에 파견할 사신을 정했다는 내용이 나온다. 신라에서는 재해와 이변이 이어졌다. 3월에는 수도에 지진이 일어나서, 백성들의 집이 무너지고 100여 명의 사망자를 냈다. 그리고 금성이 달에 들어가는 현상이 관측되었다. 혜공왕은 백좌법회(百座法會)를 열어 흉흉해진 민심을 수습하려 한 것 같다. 신라에 파견된 일본 사신들은 7월, 당에 갔던 자기네 사신들을 데려갔다. 이후인 10월, 신라 사신이 일본으로 파견되었다.

780년(혜공왕 16) 정월, 『속일본기』에는 지난해에 왔던 신라 사신이 당의 사신과 함께 새해 축하 행사에 참여하여 했다는 이야기가 기록되어 있다. 이때 신라 사신은 "신라가 개국 이래로 천황의 은혜에 의지하여 조공을 바친 지 오래되었으나, 최근 나라 안에 도둑 떼가 들끓어 오지 못했다"며 새해 인사를 올렸다고 한다. 김유신의 후손인 김암이 파견된 시기가 이때였다. 그랬더니 일본 측에서는 "대대로 조공을 바쳐왔던 신라가, 김태렴 등이 돌아간 뒤에는 무례하게 굴어 신라 사신에게 손님 대접을 하지 않고 돌려보냈다. 이제 조공을 바치며 새해 인사를 올리니, 가상히 여기며 앞으로도 이렇게 하면 예전처럼 대우할 것이니 너희 국왕에게 알려라"고 했단다. 그리고 다음 달인 2월에는 신라에게 "조공 바치는 나라답게 약속을 지키고 예의를 갖추라"며 훈계조의 국서를 보냈다.

그렇지만 신라에서는 일본의 요구에 신경도 쓴 것 같지 않다. 어쨌든 신라에서는 이해에도 불길한 일이 이어지며 정국 불안이 이어지기는 마찬가지였다. 정월부터 누런 안개가 끼었고, 2월에 흙이 비처럼 내렸다. 『삼국사기』에는 혜공왕이 어린 나이에 왕위에 올라, 장성하자 음악과 여자에 빠져

나돌아 다니며 절도 없이 놀았다는 비판이 나와 있다. 그 결과 기강이 문란해지며, 천재지변이 자주 일어나고 인심이 등을 돌려 나라가 불안해졌다는 것이다.

『삼국유사』에서는 한 술 더 떠, 그의 탄생과 관련된 설화는 거의 악담에 가깝게 써놓았다. 경덕왕이 의상의 10대 제자 중 하나라는 표훈(表訓)을 불러 "아들을 낳고 싶으니 상제(上帝)께 청탁 좀 넣어달라"고 했다는 데에서 이야기가 시작된다. 표훈은 하늘에 올라가 뜻을 전했더니 상제의 답은 "딸은 되어도 아들은 안 된다"고 했단다. 그래도 경덕왕이 "딸을 아들로 바꿔 달라"고 했더니 표훈이 다시 올라가 상제에게 그 뜻을 전했다. 상제의 답변은 "아들로 바꾸면 나라가 위태로워질 것"이라는 것이었고, 표훈에게도 "하늘과 사람 사이를 이웃 마을처럼 드나들며 천기(天機)를 누설하니 다시오지 말라'고 경고를 주었다. 표훈이 경덕왕에게 이 말을 전했으나, 경덕왕이 "나라가 위태로워지더라도 아들을 낳아 나라를 물려주고 싶다"고 하며 낳은 아들이 혜공왕이라는 것이다.

그렇게 태어난 혜공왕은, 원래 여자의 천성을 가졌기 때문에 돌 때부터 왕위에 오를 때까지 여자의 취향을 가지고 있었다고 몰아갔다. 그래서 8살에 왕위에 오른 후, 태후가 섭정에 나섰어도 정국이 수습이 되지 않아 도적 떼가 날뛰었다는 식이다. 이것이 표훈의 경고였고, 표훈 이후로는 신라에 성인이 나오지 않았다는 말까지 덧붙여놓았다.

혜공왕에 대해 이런 정도의 이야기가 나온다는 점에서, 당시 귀족들이 경덕왕 때부터 혜공왕 때까지 이어져온 개혁 방향에 대단한 반감을 가지고 있었음을 시사한다고 볼 수 있다. 이러한 불안은 정변으로 이어졌다. 이찬 김지정(金志貞)이 반란을 일으켜 궁궐로 쳐 들어온 것이다. 4월에 상대등 김양상이 이찬 김경신(金敬信)과 함께 김지정 등의 반란을 진압했으나, 그 와중에 왕과 왕비는 반란군에게 살해되었다. 김양상 등은 시호를 혜공왕(惠恭王)이라 붙였다.

제37대 선덕왕

혜공왕이 정변으로 죽은 뒤, 780년(선덕왕 1) 왕위에 오른 인물이 상대등 김양상이었다. 그가 선덕왕(宣德王)이다. 그는 내물왕(奈勿王)의 10대손으로, 아버지는 해찬(海湌) 효방(孝芳)이고 어머니는 성덕왕(聖德王)의 딸 김씨 사소부인(四炤夫人)이다. 왕비는 각간 양품(良品)의 딸 구족부인(具足夫人)이라고도 하고, 아찬 의공(義恭)의 딸이라고도 했다.

그 역시 왕위에 오른 후, 대규모 사면령을 내렸다. 이와 함께 아버지를 개성대왕(開聖大王)으로, 어머니를 정의태후(貞懿太后)로 추존(追尊)하였으며, 부인은 자연스럽게 왕비가 되었다. 그와 함께 김지정의 반란을 진압했던 이찬 김경신을 상대등으로 삼고, 아찬 의공(義恭)을 시중으로 삼았다. 또 어룡성(御龍省)의 봉어(奉御)를 경(卿)으로 고쳤다가, 다시 감(監)으로 고쳤다.

781년(선덕왕 2) 2월, 관례대로 몸소 신궁에 제사 지냈다. 7월에 사람을 보내 패강(浿江) 남쪽의 주와 군을 돌보았다.

782년(선덕왕 3) 윤 정월, 당나라에 조공 사절을 보냈다. 2월에는 왕이 한산주를 돌아보고, 백성들을 패강진(浿江鎭)으로 옮겼다. 7월에는 시림(始林)의 벌판에서 큰 규모로 군대를 사열했다.

783년(선덕왕 4) 정월, 아찬 체신(體信)을 대곡진(大谷鎭) 군주(軍主)로 삼았다. 2월에는 수도에 3자나 되는 폭설이 내렸다.

784년(선덕왕 5) 4월, 선덕왕은 왕위를 양보하려 했다. 이 자체는 여러 신하들이 3번이나 글을 올려 말리는 바람에 무산되었다. 그러나 이것으로 끝나지 않았다.

785년(선덕왕 6) 정월, 당나라 덕종(德宗)이 호부랑중(戶部郎中) 개훈(蓋塤)을 보내 선덕왕을 검교태위(檢校大尉) 계림주자사(雞林州刺史) 영해군사(寧海軍使) 신라 왕(新羅王)으로 책봉했다. 그러나 정작 장본인인 선덕왕은 병에 걸려 오랫동안 낫지 않은 상태였다. 결국 선덕왕은 조서를 내려 뜻을 밝혔다.

"재주와 덕이 없는 자신은 왕위에 마음이 없었으나, 여러 사람이 추대했기 때문에 억지로 왕위에 올랐다. 그러나 왕위에 오른 뒤 백성들의 살림이 곤궁하여졌으니, 자신의 덕과 정치가 백성들의 소망과 하늘의 뜻에 맞지 않은 것 같다. 그래서 왕위를 내놓고 물러나고자 하였으나, 많은 신하들이 정성을 다해 말렸기 때문에 주저하고 있다가 갑자기 병에 걸려 다시는 일어날 수 없게 되었다. 자신이 죽은 뒤에는 불교식으로 화장한 다음 뼈를 동해에 뿌려달라"는 유언을 남겼다 한다. 그리고 이달 13일에 이르러 죽어, 선덕(宣德)이라는 시호를 붙였다.

제38대 원성왕

　선덕왕이 죽고 난 뒤, 785년(원성왕 1) 왕위는 당시 상대등 이었던 김경신이 물려받았다. 그가 원성왕(元聖王)이다. 그는 내물왕의 12세손이며, 어머니는 박씨 계오부인(繼烏夫人), 왕 비 김씨는 각간 신술(神述)의 딸이라고 되어 있다. 그는 선덕 왕과 함께 김지정의 반란을 진압하는 데에 결정적인 역할을 했던 인물이다. 그래서 선덕왕이 즉위한 뒤 곧바로 상대등이 되었던 것이다.

　그리고 선덕왕이 아들 없이 죽자, 왕위에 오르게 되었다. 그러나 그가 즉위하는 과정에서 우여곡절이 있었다. 원래 선 덕왕의 후계자로는 김경신보다 서열이 높고 왕의 조카뻘[족자族子]되는 상재상(上宰相) 김주원(金周元)이 추대되었다. 그래서 김주원이 즉위하기 위해 궁궐로 오는데, 하필 도중에 폭우가 쏟아졌다. 이 때문에 수도 외곽을 흐르는 알천(閼川)의 물이 불어나, 강의 북쪽에 살고 있던 김주원이 알천을 건너 왕궁으로 오지 못했다. 그러자 누군가가 "이것은 하늘이 김주원의 등극을 좋아하지 않는 것"이라 했고, 그러면서 김경신을 추대한 것이다. 그리고 얼마 후 비가 그치니, 나라 사람들이 모두 만세를 불렀다 한다.

『삼국유사』에는 일이 이렇게 된 배경에 대한 이야기가 좀 더 붙어 있다. 그 이야기는 왕위에 오르기 전 김경신의 꿈에서부터 시작된다. 그는 어느 날 꿈에서 복두(幞頭: 귀인이 쓰는 모자)를 벗으며 흰 갓을 쓰고, 12현금(十二絃琴)을 들고 천관사 우물 속으로 들어갔다. 꿈이 깬 다음 사람을 시켜 점을 쳐 보니, "관직을 잃게 되어 칼을 쓰고 옥에 갇힐 징조"라는 해몽이 나왔다. 김경신은 이 말을 듣고 두문불출하였으나, 아찬 여삼(餘三)이 찾아와 "왕위에 올라서도 자신을 버리지 말아 달라"며 "이는 왕이 될 길몽"이라고 했다. 김경신이 "위에 주원이 있는데 어찌 가능한가?"를 묻자 "비밀리에 북천 신에게 제사 지내면 좋을 것"이라 했다 한다. 이 때문에 때맞춰 북천 물이 불어났다는 말이 되겠다. 이는 또한 애초부터 김경신이 왕이 될 야심을 품었다는 것을 시사해준다. 이후 김주원은 명주(溟州)에서 은퇴 생활에 들어갔다.

즉위한 해 2월, 원성왕은 자신의 직계 조상을 왕으로 추봉하는 작업에 착수했다. 선덕왕과 원성왕은 왕위계승의 원칙에 따라 즉위한 것이 아니라, 정변을 통해 방계(傍系)가 왕위에 올랐다. 이 때문에 일어날 정통성 시비를 미리 차단하기 위한 조치라 할 수 있다. 그래서 원성왕의 고조부 대아찬 법선(法宣)을 현성대왕(玄聖大王), 증조부 이찬 의관(義寬)을 신영대왕(神英大王), 할아버지 이찬 위문(魏文)을 흥평대왕(興平大王), 죽은 아버지 일길찬 효양(孝讓)을 명덕대왕(明德大王)으로 추봉했다. 어머니 박씨는 소문태후(昭文太后)로 추존하고 아들 인겸(仁謙)을 왕태자로 삼았다.

이와 함께 성덕대왕(聖德大王)과 개성대왕(開聖大王)의 두 사당을 헐고 시조, 태종대왕, 문무대왕 및 할아버지 흥평대왕과 아버지 명덕대왕으로 5묘(五廟)를 삼았다. 이와 함께 문무백관들의 관작을 한 등급씩 올려 인심을 얻고, 이찬 병부령 충렴(忠廉)을 상대등으로 이찬 제공(悌恭)을 시중으로 삼았다. 제공이 관직에서 물러난 다음에는 이찬 세강(世强)으로 교체했다. 3월에는 선덕왕의 왕비 구족왕후(具足王后)에게 조(租) 3만 4,000섬을 받게 해주면서 바깥 궁으로 내보냈다. 이즈음 패강진에서 붉은 까마귀를 바쳤다. 그리고 총관(摠管)을 도독(都督)으로 고쳤다.

786년(원성왕 2) 4월, 나라 동쪽 지방에 내린 우박 때문에 뽕나무와 보리가 피해를 입었다. 그리고 김원전(金元全)을 당나라에 보내 토산물을 바쳤다. 그러자 당 덕종(德宗)은 덕담을 담은 조서와 함께 귀한 물건을 보내주었다.

7월에 가뭄이 들어, 9월에는 수도의 백성들이 굶주렸다. 원성왕은 벼 3만 3,240섬을 풀며 진휼에 나섰고, 이 조치는 10월에도 벼 3만 3,000섬을 나눠주며 이어졌다. 대사 무오(武烏)가 병법(兵法) 15권과 화령도(花鈴圖) 2권을 바쳤다. 원성왕은 그 성의에 대한 보답으로, 그에게 굴압현령(屈押縣令) 관직을 주었다.

그런데 『삼국유사』에서는 이해에 다소 황당한 이야기가 나온다. 이해 일본 왕이 신라를 침공하려 하다가, 만파식적이 있다는 말을 듣고 포기했단다. 그리고 사신을 보내 금 50냥을 주면서 만파식적을 한번 보여달라고 했다는 것이다. 원성왕은 "진평왕 때 있었다고 하는데, 지금은 어디 있는지 모르겠다"했다. 그러자 일본에서는 다음 해 7월 7일 또 사신을 통해 금 1,000냥을 보내며 "한번 보기만 하고 돌려보내겠다"고 했다는 것이다. 신문왕은 지난번과 같은 대답으로 거절하고, 보내온 금도 받지 않은 채 은 3,000냥을 주어 돌려보냈다 한다. 그리고 8월에 일본 사신이 돌아가고 난 뒤에 만파식적을 분황사(芬皇寺)에 잘 보관해두었다고 적어놓았다.

787년(원성왕 3) 2월, 수도에 지진이 일어났다. 이런 재해를 겪은 후, 관례대로 몸소 신궁에 제사 지내고 대규모 사면령을 내렸다. 이후 이변과 재해가 이어졌다. 5월에는 금성이 낮에 나타났고, 7월에는 메뚜기 피해를 입었으며, 8월 초하루에는 일식이 있었다.

788년(원성왕 4) 봄, 인재 선발 방식에 변화를 주는 조치가 있었다. 독서삼품과(讀書三品科)를 제정하여 인재를 선발하게 한 것이다. 이는 경전에 능통한 사람을 중용하겠다는 의지가 담겨 있었다. 『삼국사기』에는 『춘추좌씨전(春秋左氏傳)』과 『예기(禮記)』 또는 『문선(文選)』에 능통하고 아울러 『논어(論語)』와 『효경(孝經)』에 밝은 사람을 상품(上品), 『예기(禮記)』 「곡례(曲禮)」와 『논어』 『효경』을 읽은 사람을 중품(中品), 『예기(禮記)』 「곡례」와 『효경』을 읽은 사람을 하품(下品)이라는 기준이 제시되어 있다. 이외에도 오경(五經)과 삼사(三史), 제자백가(諸子百家)의 글에 두루 능통한 사람은 등급을 가리지 않고 이를 등용했다 한다.

『삼국사기』에는 "활 쏘는 것으로 인물을 선발하다가, 이때 고쳤다"고 서술되어 있지만, 이 이상의 의미가 있다고 본다. 사실 골품제 아래에서 능력 평가보다 신분을 앞세워 중요한 자리에 앉히는 관행에 변화를 주려 한 셈이기 때문이다. 그러나 당장 큰 효과를 보았다고 평가하기는 어렵다.

이런 조치를 취한 후인 가을, 나라 서쪽 지방에 가뭄이 들고 병충해를 입었다. 그런 결과로 도적이 많이 일어나자, 원성왕은 사람을 보내 위로하고 안정시켰다.

789년(원성왕 5) 정월 초하루에 일식이 있었다. 이때 한산주에 기근이 들어 백성들이 굶주리자, 곡식을 내어 진휼했다. 그렇지만 이해 7월에도 서리가 내려 곡식이 피해를 입었다.

9월에는 인사 문제를 둘러싼 갈등이 나타났다. 자옥(子玉)이라는 인물을 양근현(楊根縣) 소수(小守)로 임명하려 했을 때, 집사 사(執事史) 모초(毛肖)가 반대의견을 표시했던 것이다. "자옥은 문적(文籍)으로 등용되지 않았으니 지방 관직을 맡길 수 없다."는 논리였다. 여기서 시중이 반박 의견을 내놓았다. "비록 문적으로 등용되지는 않았지만 일찍이 당나라에 들어가 학생이 되었으니 써도 좋지 않겠는가?" 원성왕은 이 말에 따라 자옥의 임명을 상행했다.

『삼국사기』에서는 사론(史論)을 붙여 "모초(毛肖)의 한마디 말은 만대(萬代)의 모범이 될 만하다"고 하면서 추켜세우고 있다. "학문을 한 다음에야 도리(道理)를 듣게 되고, 그래야 사물의 근본과 말단을 밝게 알게 되는 것"이라는 이유에서다. 자신들이 떠받드는 경전에 대한 지식을 기준으로 인재를 등용하는 방식을 좋아하는 유학자들의 입장이 반영되어 있는 것이겠으나, 인재 등용 기준에 있어서의 갈등은 예나 지금이나 달라진 것이 없음을 보여주는 사례라 하겠다.

790년(원성왕 6) 정월, 어떤 이유에서였는지, 시중을 종기(宗基)로 교체했다. 종기는 왕으로 결정되었다가 비 때문에 무산된 김주원의 아들이다. 그리고 전주 등 일곱 주(州)의 사람을 징발하여 벽골제(碧骨堤)를 증축했다. 한동안 가뭄에 시달린 대책인 듯하다. 이때 웅천주에서 붉은 까마귀를 바쳤다.

3월에 일길찬 백어(伯魚)를 발해[북국北國]에 사신으로 보냈다. 그리고 벽골제를 증축하려 한 대책이 무의미한 것이 아니라는 점을 보여주려는 듯, 또 큰 가뭄이 들었다.

4월에는 금성과 진성(辰星)이 동정(東井)에 모이는 현상이 관측되었다. 5월, 한산주와 웅천주 두 주(州)의 굶주린 백성들에게 곡식을 내어 진휼했다.

791년(원성왕 7) 정월, 태자가 죽어 혜충(惠忠)이라는 시호를 붙였다. 이 불행에 이어 이찬 제공(悌恭)이 반역을 도모하다가 처형당하는 일까지 겹쳤다. 그런 와중에 웅천주의 대사 향성(向省)의 아내가 한꺼번에 아들 셋을 낳는 일이 있었고, 10월에는 수도에 3자나 되는 눈이 내리며, 얼어 죽은 사람까지 나왔다. 이즈음 시중 종기(宗基)가 관직에서 물러나자, 대아찬 준옹(俊邕)으로 교체했다. 11월에는 수도에 지진이 일어났다. 이즈음 내성 시랑(內省侍郞) 김언(金言)을 삼중아찬

(三重阿湌)으로 삼았다.

792년(원성왕 8) 7월, 당나라에 사신을 보내며, 신라 최고 미녀 김정란(金井蘭)을 바쳤다. 그녀는 몸에서 향기가 났다 한다.

8월에는 왕자 의영(義英)을 태자로 봉했다. 이때 상대등 충렴이 죽어, 이찬 세강(世强)으로 교체했고, 때를 맞춰 준옹까지 병으로 관직을 그만두어 시중까지 이찬 숭빈(崇斌)으로 교체했다. 11월 초하루에는 일식이 일어났다.

793년(원성왕 9) 8월, 나무가 부러지고 벼가 쓰러질 정도의 큰바람이 불었다. 이런 와중에 나마(奈麻) 김뇌(金惱)가 흰 꿩을 바쳤다.

794년(원성왕 10) 2월, 지진이 일어났다. 그리고 태자 의영(義英)이 죽어 헌평(憲平)이라는 시호를 붙였다. 이런 상황에서 시중 숭빈이 관직을 그만두어, 잡찬 언승(彦昇)으로 교체했다. 7월에 봉은사(奉恩寺)를 장건하며, 궁궐 서쪽에 밍은루(望恩樓)를 세웠다. 이즈음 한산주에서 흰 새를 바쳤다.

795년(원성왕 11) 정월, 혜충 태자의 아들 준옹(俊邕)을 태자로 봉했다. 4월에 가뭄이 들어 백성들의 사정이 어려워지자, 원성왕은 몸소 죄수들의 사정을 살폈다. 6월에 비가 내리며 사정이 풀리는 듯했지만, 가을로 접어드는 음력 8월에는 서리가 내려 또 곡식에 피해를 주었다.

이해에도 『삼국유사』에 역사적 사실로 보기 어려운 설화가 나온다. 당에서 사신이 와서 한 달 동안 머물다가 돌아간 다음날, 여자 둘이 왕을 만나 중요한 사실을 알렸다 한다. 자기들은 용의 아내인데, 당나라 사신이 하서국(河西國) 사람 둘을 데려와 자기들 남편과 분황사의 용까지 작은 물고기로 변신시켜 잡아갔다는 것이다. 이 말을 들은 원성왕은 당나라 사신단을 쫓아가 "우리나라 용을 잡아간 사실을 말하지 않으면 극형에 처 하겠다"고 협박해 용들을 찾아왔다 한다. 여기에 제후국으로 간주하는 신라의 왕에게 협박당해 용을 빼앗겼다는 당에서 원성왕의 명철함에 감탄했다는 말까지 덧붙여놓았다.

796년(원성왕 12) 봄, 지난해 흉작의 영향으로 수도에 기근이 들고 전염병이 번졌다. 원성왕은 창고를 열어 진휼에 나섰다. 4월에는 시중 언승을 병부령으로, 이찬 지원(智原)을 시중으로 삼으며 정국운영에 변화를 주었다.

797년(원성왕 13) 9월, 또 나라 동쪽 지방에 메뚜기가 곡식에 피해를 준 데다가, 홍수까지 나서 산이 무너졌다. 시중 시원이 관직을 그만두어, 아찬 김삼조(金三朝)로 교체했다.

798년(원성왕 14) 3월, 궁궐 남쪽의 누교(樓橋)에 화재가 났고, 망덕사(望德寺)의 두 탑이 마주 부딪치는 사건도 일어났다. 6월에 또 가뭄이 들었고, 이때 굴자군(屈自郡)의 대사 석

남오(石南烏)의 아내가 한꺼번에 아들 셋과 딸 하나를 낳는 일도 있었다.

그리고 12월 29일에 왕이 죽어 원성(元聖)이라는 시호를 붙였다. 유언에 따라 봉덕사 남쪽에서 화장했다. 『삼국사기』 편찬자가 『당서(唐書)』에는 원성왕이 죽은 시점을 제대로 수록했지만 『통감(通鑑)』에는 800년에 죽은 것처럼 쓰여져 있는 점이 잘못"이라고 했지만, 실제로는 효성왕의 책봉 시기에 나온 이야기를 『삼국사기』 편찬자가 오해했다고 본다.

제39대 소성왕

799년(소성왕 1)에 원성왕의 뒤를 이어 왕위에 오른 소성왕(昭聖王: 또는 소성昭成) 준옹(俊邕)은, 특이하게 태자였던 인겸(仁謙)의 아들로 원성왕에게는 아들이 아닌 손자다. 태자로 봉한 아들들이 연거푸 죽으면서 이리된 것이다. 그래도 원성왕은 준옹의 아버지인 혜충태자가 죽자 손자를 궁중에서 길렀다. 그리고 준옹을 당에 사신으로 보내기도 했고, 그가 고국으로 돌아왔을 때는 파진찬·시중·병부령 임무를 맡겨 경력을 쌓게 했다. 그 후 준옹은 795년(원성왕 11)에 태자로 책봉되었다가, 원성왕이 죽자 왕위를 계승한 것이다.

그런데 그의 어머니에 대해서는 좀 혼란이 있다. 그녀는 김신술(金神述)의 딸인데, 나중에 당에 사신으로 갔던 김력기(金力奇)가 신(申)씨 라고 했던 것이다. 그런데 이때 소성왕의 왕비인 김숙명(金叔明)의 딸 계화부인(桂花夫人)까지 숙(叔)씨 라고 한 점이 주목된다. 왕실에서 극단적인 근친혼을 하여 부부의 성씨가 같은 점이 당에서 좋지 않게 보여질 것을 우려한 김력기가 왕실 여자들의 성씨를 아버지의 이름자에서 대충 따서 붙였다는 주장이 있기 때문이다. 이 점이 나중에 『삼국사기』 편찬자의 지적을 받았다.

소성왕은 즉위한 해 3월, 청주(菁州) 거로현(居老縣)을 학생의 녹읍으로 삼았다. 이 조치를 취할 때 즈음 냉정현령(冷井縣令) 염철(廉哲)이 흰 사슴을 바쳤다.

이해 4월, 『일본후기(日本後紀)』에는 훈계조의 국서를 보낸 뒤 한동안 보이지 않던 일본 사신의 신라 파견 시도가 보인다. 그러나 신라에 대한 일본의 사신 파견은 곧 중지되었다.

5월에는 죽은 아버지를 혜충대왕(惠忠大王)으로 추봉했다. 이때 기이한 짐승의 출현에 대한 우두주(牛頭州) 도독의 보고가 들어왔다. "소같이 생긴 것이, 몸은 길고 높으며 꼬리의 길이가 세 자 가량이나 되고 털은 없고 코가 긴 놈이 현성천(峴城川)으로부터 오식양(烏食壤)으로 향하여 갔다"는 것이다. 묘사를 보아서는 코끼리와 비슷하지만 자세한 내막은 알수 없다.

7월, 9자 되는 인삼을 얻었다. 소성왕은 매우 기이하게 여겨 이것을 당나라에 파견하는 사신을 통해 보냈다. 그러나 당 덕종은 인삼이 아니라는 이유로 받지 않았다. 8월에는 어머니를 성목태후(聖穆太后)로 추봉했다. 이때 한산주에서 흰 까마귀를 바쳤다.

800년(소성왕 2) 정월, 왕비 김씨를 왕후로 봉하고, 충분(忠芬)을 시중으로 삼았다. 이후인 4월 폭풍의 피해를 크게 입었다. 폭풍 때문에 나무가 부러지고 기와가 날아간 것이다. 이때 서란전(瑞蘭殿)에 쳤던 발[렴簾]이 날아 없어지고, 임해문(臨海門)과 인화문(仁化門)이 무너졌다. 그런 일을 겪고 6월에 왕자를 태자로 봉했지만, 그 직후 왕이 죽었다. 시호를 소성(昭聖)이라 했다.

제40대 애장왕

소성왕이 왕위에 오른 지 2년 만에 죽자, 왕이 죽기 직전
에 태자로 책봉했던 아들 청명(淸明)이 800년(애장왕 1)에 왕
위를 이었다. 그의 어머니는 왕후 계화부인이다. 그가 즉위
할 때 나이가 13세에 불과했기 때문에 아찬 병부령 언승(彦
昇)이 섭정에 나섰다.

그런데 소성왕이 왕위에 얼마 있지 못했기 때문에, 신라
왕실이 당의 인정을 받는데 혼선이 생겼다. 원성왕이 죽자
당나라 덕종(德宗)은 사봉랑중(司封郎中) 겸 어사중승(御史中
丞) 위단(韋丹)을 조문 겸, 새 왕인 소성왕을 개부의동삼사(開
府儀同三司) 검교태위(檢校太尉) 신라 왕(新羅王)으로 책봉할

사신으로 보냈으나, 이 사신이 신라에 들어오기도 전에 소성 왕이 죽어버린 것이다. 운주(鄆州)에 이르렀을 때 즈음 소성 왕이 죽었다는 말을 들은 위단은 여기서 되돌아갔다.

7월, 애장왕은 이름을 중희(重熙)로 바꾸었다. 8월에는 학생 양열(梁悅)에게 두힐현(豆肹縣) 소수(小守) 벼슬을 주었다. 당나라에 들어가 숙위하던 그가, 당 내부에서 일어난 정국 불안 때문에 덕종이 봉천(奉天)으로 피난 갔을 때 따라가며 호위한 공로가 있었다. 덕종도 양열에게 우찬선대부(右贊善大夫) 벼슬을 주어 돌려보내자, 애장왕도 그를 등용한 것이다.

801년(애장왕 2) 2월 관례대로 몸소 시조묘에 배알했다. 태종대왕과 문무대왕의 두 사당을 따로 세우고, 시조대왕(始祖大王)과 애장왕의 고조부 명덕대왕(明德大王), 증조부 원성대왕, 할아버지 혜충대왕, 아버지 소성대왕으로 5묘(五廟)를 삼았다. 병부령 언승을 어룡성(御龍省) 사신(私臣)으로 삼았다가, 얼마 안 있어 상대등 자리에 올렸다. 그러면서 대규모 사면령을 내렸다.

이후 이변에 대한 기록이 이어졌다. 5월 초하루에는 응당 일어난다고 보았던 일식이 일어나지 않았다. 9월에는 형혹(熒惑)이 달에 들어가고, 별이 비 오듯 떨어졌다. 이때 무진주(武珍州)에서 붉은 까마귀를, 우두주(牛頭州)에서 흰 꿩을 바쳤다. 겨울로 접어드는 10월에 몹시 추워서 소나무와 대나무가 죽었다. 탐라국(耽羅國)에서 조공 사절을 보내온 것이 위안거리였다.

802년(애장왕 3) 정월, 왕이 몸소 신궁에 제사 지냈다. 4월에는 아찬 김주벽(金宙碧)의 딸을 후궁으로 들였다. 7월에 지진이 일어났지만, 8월에 가야산(加耶山)에 해인사(海印寺)를 세웠다. 이때 삽량주에서 붉은 까마귀를 바쳤다. 12월에 균정(均貞)에게 대아찬의 관등을 주어서, 가짜 왕자[가왕자假王子]로 삼아 일본에 볼모로 보내려 했다. 그러나 당사자인 균정은 이를 사양했다.

803년(애장왕 4) 4월, 왕이 직접 남쪽 교외에 나가서 보리농사를 둘러보았다. 7월에는 일본과 서로 사신을 교환하며 우호를 맺었다. 10월에는 지진이 일어났다.

804년(애장왕 5) 정월, 이찬 수승(秀昇)을 시중으로 삼았다. 5월에는 일본에서 사신을 보내와 황금 300냥을 바쳤다. 7월에 알천(閼川) 가에서 대규모 군대 사열을 실시했다. 이때 삽량주에서 흰 까치를 바쳤다. 이런 중에도 임해전을 거듭 수리하고, 동궁(東宮) 만수방(萬壽房)을 새로 지었다. 이후 이변이 이어졌다. 우두주(牛頭州) 난산현(蘭山縣)에서 엎어진 돌이 일어섰다. 그리고 웅천주 소대현(蘇大縣) 부포(釜浦)의 물이 핏빛으로 변했다. 9월에는 망덕사의 두 탑이 서로 싸우는 것처럼 흔들렸다.

이때 제법 오랫동안 교류 기록이 나타나지 않던 『일본후기』에, 신라에 사신을 보낸 기록이 나온다. 이때 일본 측에서는 당에 보냈던 자기네 사신이 돌아오지 않자, 신라로 표류했다고 생각하여 찾으러 왔다는 명분을 내세웠다.

805년(애장왕 6) 정월, 어머니 김씨를 대왕후(大王后)로, 왕비 박씨를 왕후로 봉했다. 이즈음 당나라 덕종이 죽었다. 덕종의 뒤를 이은 당 순종(順宗)이 병부랑중(兵部郎中) 겸 어사대부(御史大夫) 원계방(元季方)을 보내 그 사실을 알리고, 애장왕을 개부의동삼사(開府儀同三司) 검교태위(檢校太尉) 사지절(使持節) 대도독계림주제군사(大都督雞林州諸軍事) 계림주자사(雞林州刺史) 겸 지절충영해군사(持節充寧海軍使) 상주국(上柱國) 신라 왕(新羅王)으로, 그 어머니를 대비(大妃)로 책봉했다. 그리고 이때 아내 박씨를 왕비로 책봉했다 한다.

당나라 쪽 기록에는 사신으로 왔던 원계방에 대한 에피소드가 소개되어 있다. 그는 실권자의 미움을 사 신라에 사신으로 파견되어 왔다 한다. 그런데 신라에서 덕종의 죽음을 듣고도 곧바로 조문 사절을 보내지 않은 데다가, 자신에 대한 대접도 소홀하다는 이유로 방문을 걸어 잠그고 단식에 돌입했다. 그래서 신라 측에서 그를 달래느라 애를 먹었다는 것이다.

이런 일을 겪고 난 다음인 8월에 공식(公式) 20여 조(條)를 반포했다. 이때 반포된 내용에 대해서는 알려진 바가 없으니, 적어도 관직에 대한 개혁이 있었던 점은 직관(職官)에 대한 기록에 나타난다. 11월에는 지진이 일어났다.

806년(애장왕 7) 3월, 일본 사신이 와서 조원전(朝元殿)으로 불러 접견했다. 그리고 "수리하는 것 이외에 새로 절 짓는 것과 불교 행사에 수놓은 비단, 금·은으로 만든 그릇 사용을 금지하는" 교서를 내렸다.

이즈음 당에서 숙위하던 왕자 김헌충(金獻忠)이 돌아왔다. 당 헌종(憲宗)은 그에게 시비서감(試秘書監)의 관직을 더하여 주었다. 그러자 신라 측에서는 8월, 당나라에 조공 사절을 파견했다.

807년(애장왕 8) 정월, 이찬 김헌창(金憲昌: 또는 정貞)을 시중으로 삼았다. 2월에는 왕이 숭례전(崇禮殿)에 앉아 음악 연주를 관람했다. 그리고 아직 가을인 음력 8월에 큰 눈이 내렸다.

808년(애장왕 9) 2월에 일본 사신이 왔다. 애장왕이 이들을 잘 접대했다 한다. 그만큼 이 시기 신라와 일본 관계가 나쁘지 않았음을 보여준다 하겠다. 그리고 김력기(金力奇)를 당나라에 조공 사절로 보냈다. 그는 소성왕이 일찍 죽는 바람에 받지 못한 소성왕과 대비·왕비 등에 대한 책봉 조서를 받아가고 싶다는 뜻을 밝혀 당 황제의 허락을 받았다. 이어 왕의 숙부 언승(彦昇)과 그 아우 중공(仲恭) 등에게 문극(門戟: 공신이나 고관의 집 문앞에 세워놓는 의장용 창)을 신라의 예에 따라 주도록 했다.

이즈음 애장왕은 12방면으로 사람을 보내, 군과 읍의 경계를 정해주었다. 7월 초하루에 일식이 일어났다.

809년(애장왕 10) 정월부터 이변이 잇달았다. 달이 필성(畢星)을 침범하는 현상이 관측되었다. 여름 6월에 서형산성(西兄山城)의 소금 창고가 소가 우는 것 같은 소리를 냈다. 벽사(碧寺)에서 두꺼비가 뱀을 잡아먹는 일이 있었다. 이런 중인 7월에 대아찬 김륙진(金陸珍)을 당나라에 보내 감사 표시를 하며 토산물을 바쳤다. 그러나 큰 가뭄이 들었다.

이렇게 어수선한 상황에서 왕의 숙부 언승과 그 아우 이찬 제옹(悌邕)이 군사를 거느리고 궁궐로 난입하여 왕을 죽였다. 왕의 아우 체명(體明)은 애장왕을 지키다가 함께 살해당했다. 나중에 애장(哀莊)이라는 시호를 붙였다.

제41대 헌덕왕

애장왕을 살해한 언승(彦昇)이 헌덕왕(憲德王)이다. 그는 애장왕의 뒤를 이어 809년(헌덕왕 1)에 즉위했다. 소성왕의 친동생인 그는, 790년(원성왕 6)에 사신으로 당나라에 갔다 와서 대아찬이 관등을 받았고, 791년(원성왕 7)에는 반란을 진압하며 잡찬이 되었다. 794년(원성왕 10)에 시중, 다음 해에 이찬 관등을 받아 재상 반열에 올랐다. 796년(원성왕 12)에 병부령이 되어 병권을 장악했고, 800년(애장왕 1)에 각간, 다음 해에 어룡성 사신(私臣)이 되었다가 얼마 안 있어 상대등이 되며 거침없이 출셋길을 달렸다. 그랬으나 결국 조카인 애장왕을 죽이고 왕위에 오른 것이다.

『삼국사기』에 그의 왕비는 각간 예영(禮英)의 딸 귀승부인(貴勝夫人)이라고 되어 있다. 그렇지만 『삼국유사』에는 충공각간(忠恭角干)의 딸이고, 시호는 황아왕후(皇娥王后)라고 했다.

즉위한 그는 이찬 김숭빈(金崇斌)을 상대등으로 삼았다. 8월에는 대규모 사면령을 내리고, 이찬 김창남(金昌南) 등을 당나라에 보내 애장왕의 죽음을 알렸다.

물론 여기에는 왜곡이 있다. 우선 『삼국사기』에는 헌덕왕이 즉위하면서 바로 당에 애장왕의 죽음을 알린 것처럼 되어 있지만, 당 측의 기록에는 812년(헌덕왕 4)에야 김창남이 왔다고 되어 있다. 뿐만 아니라, 애장왕은 헌덕왕 자신이 살해했다는 말을 전하지 않고, 병으로 죽은 것처럼 알렸다 한다.

어쨌든 당 측에서는 직방원외랑(職方員外郞) 섭어사중승(攝御史中丞) 최정(崔廷)과 함께 신라에서 볼모로 보냈던 김사신(金士信)을 부사로 삼아 조문 사절을 보내왔다. 그러면서 헌덕왕을 개부의동삼사(開府儀同三司) 검교태위(檢校太尉) 지절(持節) 대도독계림주제군사(大都督雞林州諸軍事) 겸 지절충영해군사(持節充寧海軍使) 상주국(上柱國) 신라 왕(新羅王)으로 책봉하고 아내 '정(貞)씨'를 왕비로 인정해주었다. 아울러 대재상 김숭빈(金崇斌) 등 세 사람에게 문극(門戟)을 내려주었다. 물론 최정과 김사신이 신라에 온 시기도 헌덕왕 4년으로 보아야 한다. 『삼국사기』 편찬자들은 이런 문제에 대한 언급 없이 '각간 예영(禮英)의 딸을 두고, 왜 정(貞)씨라 했는지 모를 일'이라는 이야기만 추가해놓았다.

810년(헌덕왕 2) 정월, 파진찬 양종(亮宗)을 시중으로 삼았다. 이때 하서주(河西州)에서 붉은 까마귀를 바쳤다. 2월, 왕이 몸소 신궁에 제사 지내고, 사람을 보내 나라 안 제방을 수리하도록 명했다. 7월에는 유성이 자미(紫微)에 들어가는 현상이 관측되었고, 서원경에서 흰 꿩을 바쳤다.

10월에 왕자 김헌장(金憲章)을 당나라에 파견하면서, 금·은으로 만든 불상과 불경 등을 보냈다. 그러면서 "순종(順宗)의 명복을 빈다"는 뜻을 전했다. 물론 이때까지 당에서는 애장왕이 죽은 줄 모르고, 그에게 조칙을 전하고 있었다. 이즈음 유성이 왕량(王良)으로 들어가는 현상이 관측되었다.

811년(헌덕왕 3) 정월, 시중 양종(亮宗)이 병으로 관직을 그만두어, 이찬 원흥(元興)으로 교체했다. 2월에는 이찬 웅원(雄元)을 완산주 도독으로 삼았고, 4월에 처음으로 평의전(平議殿)에 나아가 정사(政事)를 처리했다. 이해 8월, 『일본후기』에는 표류해 간 신라인의 요청에 따라 이들을 돌려보냈다는 기록이 나타난다.

812년(헌덕왕 4) 정월, 신라 해적선이 일본 해안에 나타나는 일이 있었다. 일본조정에서 신라 말을 할 줄 아는 통역과 군대를 뽑아 보내며, 이들에 대한 경계를 늦추지 말라는 명을 내렸다. 그런데 이후에도 일본 조정은 표류해 온 신라인들을 귀환시키는 데에는 상당한 성의를 보였다.

신라에서는 이해 봄, 균정(均貞)을 시중으로 삼고, 70세에 이른 이찬 충영(忠永)에게 안석과 지팡이를 내려주었다. 9월에는 급찬 숭정(崇正)을 발해[북국北國]에 사신으로 보냈다.

813년(헌덕왕 5) 정월, 이찬 헌창(憲昌)을 무진주 도독으로 삼았다. 2월에 시조묘를 찾아뵈었다. 이즈음 현덕문(玄德門)에 불이 났다.

814년(헌덕왕 6) 3월, 숭례전에서 여러 신하들에게 잔치를 베풀었다. 흥이 한껏 올라 헌덕왕이 거문고를 타자, 이찬 충영(忠榮)이 일어나 춤을 추었다. 즐거운 한 때를 보낸 이후 재해와 이변이 이어졌다. 5월에는 나라 서쪽 지방에 홍수가 나서, 헌덕왕은 사람을 보내 수해 당한 주와 군의 백성들을 위문하고 1년 조세[조조租調]를 면제해주었다. 8월에는 수도에 바람이 불고 안개가 끼어 밤처럼 되었다. 무진주 도독 헌창을 조정으로 불러들여 시중으로 임명했다. 10월에는 대사 검모(黔牟)의 아내가 한꺼번에 아들 셋을 낳는 일이 있었다.

815년(헌덕왕 7) 정월, 당나라에 조공 사절을 보냈다. 당 헌종은 신라 사신들을 접견하고 연회를 베풀어주었으며 차등을 두어 물건을 내려주었다. 이후 재해와 이변이 이어졌다. 여름으로 접어드는 음력 5월에 눈이 내렸고, 8월 초하루에 일식이 있었다. 서쪽 변방의 주와 군에 큰 기근이 들어, 도적이 벌 떼처럼 일어났으므로 군대를 동원하여 토벌했다. 이즈음 뻗쳐진 빛의 길이가 6자쯤 되고 넓이가 2치[촌寸] 가량 되는 큰 별이 익성(翼星)과 진성(軫星) 사이에 나타나 서쪽으로 향하여 갔다.

816년(헌덕왕 8) 정월, 시중 헌창을 장여(璋如)로 교체했다. 헌창은 청주(菁州) 도독으로 삼아 지방으로 내보냈다. 이해 흉년이 들어 백성들이 굶주렸으므로, 절동(浙東)지방에까지 가서 먹을 것을 구하는 사람이 170명이나 되었다. 한산주 당은현(唐恩縣)에서 길이 10자, 넓이 8자, 높이 3자 5치 되는 돌이 저절로 100여 보를 옮겨가는 일이 있었고, 6월에는 망덕사의 두 탑이 싸우는 것처럼 흔들렸다.

817년(헌덕왕 9) 정월, 시중을 이찬 김충공(金忠恭)으로 교체했다. 5월에 비가 내리지 않아 산천에 기도하였더니, 7월에 비가 내렸다. 그래도 10월에 사람들이 많이 굶어 죽지, 주와 군에 창고의 곡식을 내어 진휼하도록 명을 내렸다. 왕자 김장렴(金張廉)을 당나라에 보내 조공했다.

818년(헌덕왕 10) 6월 초하루에 일식이 있었다. 이해 나중에 열전에 등장하는 인물인, 일길찬 수봉(秀奉)의 아들 녹진(綠眞)이 23세부터 벼슬하다가 이때 집사 시랑(執事侍郎) 자리에 앉았다.

819년(헌덕왕 11) 정월, 이찬 진원(眞元)의 나이가 70세에 이르자, 안석과 지팡이를 내려주었다. 이찬 헌정(憲貞)은 병으로 걸어 다닐 수 없는 지경이어서, 나이는 70세가 되지 않았지만 금으로 장식한 자단목(紫檀木) 지팡이를 내려주었다. 2월에는 상대등 김숭빈(金崇斌)이 죽어, 이찬 김수종(金秀宗)으로 교체했다. 3월에 초적(草賊)들이 사방에서 일어나 여러 주와 군의 도독과 태수에게 붙잡도록 명을 내렸다.

7월에는 당에서 운주절도사(鄆州節度使) 이사도(李師道)가 중앙정부와 충돌을 빚는 사태가 일어났다. 당 헌종은 이를 토벌하고자 양주절도사(楊州節度使) 조공(趙恭)을 보내 신라군의 파병을 요청했다. 헌덕왕은 순천군장군(順天軍將軍) 김웅원(金雄元) 지휘하에 군사 3만 명을 보냈다.

820년(헌덕왕 12) 봄과 여름에 가뭄이 들어, 겨울에 기근이 들었다. 그래도 11월, 당나라에 조공 사절을 보냈다. 당 목종(穆宗)은 신라 사신을 인덕전(麟德殿)으로 불러 접견하고 잔치를 베풀어주었으며, 차등을 두어 물품을 내려주었다.

821년(헌덕왕 13) 봄, 백성들이 굶주려 자식을 팔아 생활하는 지경에 이르렀다. 4월에 시중 김충공(金忠恭)이 죽어, 이찬 영공(永恭)으로 교체했다. 청주 도독(菁州都督) 헌창을 웅천주 도독으로 이동시켰다. 7월에는 패강(浿江)과 남천(南川)의 두 돌이 서로 싸우는 일이 있었다 한다. 12월 29일에는 천둥이 크게 쳤다.

김헌창의 반란으로 인한 어수선한 정세

822년(헌덕왕 14) 정월, 왕의 친동생 수종(秀宗: 또는 수승秀升)을 부군(副君)으로 삼아 월지궁(月池宮)에 들여보냈다. 이때 각간 충공(忠恭)이 상대등(上大等)이었는데, 그는 정사당(政事堂)에서 관리를 선발하는 일을 하다가 퇴근한 다음 병에 걸렸다. 그러자 의원(醫員)이 "심장 질환이니 용치탕(龍齒湯)을 복용하여야 한다"는 진단을 내렸고, 충공은 21일간의 휴가를 얻어 손님도 만나지 않고 치료에 전념했다. 이때 녹진은 충공의 문지기가 여러 차례 거절하였음에도 "치료법이 있다"며 간곡히 말하여, 기어이 충공을 만나 "인사 관리를 잘하면 병도 나을 것"이라 했단다. 그런데 충공은 이 뻔한 이야기를 듣고, 왕을 만나 병이 나을 만큼 좋은 이야기를 들었다며 녹진을 천거했다. 이후 녹진은 태자에게까지 인정받고 월지궁으로 들어갔다 한다.

2월에는 5자에 달하는 눈이 내리면서, 나무들이 마르는 일이 있었다. 그런 뒤인 3월, 웅천주 도독 헌창(憲昌)이 그의 아버지 주원(周元)이 왕이 되지 못했다는 이유로 반란을 일으켰다. 그는 나라 이름을 장안(長安), 연호를 경운(慶雲) 원년이라 지었다. 그는 무진주(武珍州), 완산주(完山州), 청주(菁州), 사벌주(沙伐州)의 네 주 도독과 국원경(國原京), 서원경(西原京), 금관경(金官京)의 수장 및 여러 군·현의 수령들을 위협하여 휘하로 넣으려 했다. 그렇지만 청주 도독 향영(向榮)은 추화군(推火郡)으로 피해버렸고, 한산주·우두주·삽량주·패강진·북원경 등은 헌창의 움직임을 간파하고 군대를 정비하여 자기 지역 방어에 나섰다. 18일에는 완산주 장사(長史) 최웅(崔雄)과 주조(州助) 아찬 정련(正連)의 아들 영충(令忠) 등이 수도로 도망해 와 상황을 알렸다. 헌덕왕은 최웅에게 급찬의 관등과 속함군(速含郡) 태수의 관직, 영충에게는 급찬의 관등을 내려주었다.

헌덕왕 측에서는 8명의 장수를 뽑아 여덟 방면에서 수도를 지키게 한 다음 군대를 출동시켰다. 일길찬 장웅(張雄)이 선두에 서고 잡찬 위공(衛恭)과 파진찬 제릉(悌凌)이 그 뒤를 이었으며 이찬 균정과 잡찬 웅원(雄元) 그리고 대아찬 우징(祐徵) 등이 3개 부대를 이끌고 출정했다. 각간 충공(忠恭)과 잡찬 윤응(允膺)은 문화관문(蚊火關門) 방어에 나섰다.

이런 와중에 명기(明基)와 안락(安樂) 두 화랑이 각각 종군할 것을 청했다. 명기는 낭도들과 함께 황산(黃山)으로 진출하고, 안락은 시미지진(施彌知鎭)으로 나아갔다. 헌창 측에서는 병력을 중요한 길목에 배치하고 관군을 기다렸다. 그렇지만 장웅은 도동현(道冬峴)에서 적병을 공격해 이겼고, 위공과 제릉은 장웅의 군사와 합류하여 삼년산성을 공략해 함락했다. 그리고 속리산 방면으로 진출하여 적병을 섬멸했으며, 균정 등도 성산(星山)에서 적군을 전멸시켰다. 여러 부대가 웅진에서 합류하여 적을 격파하고, 많은 사상자와 포로를 내게 했다. 녹진도 바로 이때 활약했다.

패배를 거듭한 헌창은 성안으로 몸을 피하여 농성에 들어갔다. 관군이 성을 에워싸고 열흘 동안 공격하여 함락될 위기에 몰리자, 헌창은 자살을 택했다. 그를 따르던 사람이 머리를 베어낸 다음, 몸과 따로 묻어 두었다. 그렇지만 성이 함락되자, 관군 측에서는 그의 몸을 옛 무덤에서 찾아내어 다시 베고, 그의 일족과 가담했던 무리들 239명을 죽였다.

김헌창 세력 통제 아래에 있던 백성들을 풀어준 다음, 공을 논하여 벼슬과 상을 차등 있게 주었다. 그런데 아찬 녹진(祿眞)은 대아찬 관등을 주었으나, 사양하고 받지 않았다. 삽량주의 굴자군(屈自郡)은 헌창 세력에 가까이 있었으나, 가담하지 않았으므로 7년간 조세를 면제하는 혜택을 주었다.

반란을 진압하기 앞서, 청주(菁州) 태수가 집무하는 관청 남쪽 못에 이상한 새가 나타났다. 검은색에 몸길이가 5자, 머리는 다섯 살쯤 되는 아이의 머리만하고 부리 길이가 1자

5치나 되었다. 또 사람 눈 같은 눈에 5되들이 그릇만한 모이 주머니를 가지고 있었는데 사흘 만에 죽었다. 이를 헌창이 패망할 징조로 해석했다.

반란을 진압한 뒤, 각간 충공의 딸 정교(貞嬌)를 태자비(太子妃)로 맞았다. 패강의 산골짜기에 쓰러진 나무에서, 하룻밤 동안에 높이가 13자, 둘레가 4자 7치나 되는 움이 돋아났다. 4월 13일에 달빛이 핏빛처럼 보였다. 7월 12일, 해에 검은 햇무리가 생겨 남북으로 뻗었다. 12월에 주필(柱弼)을 당나라에 조공 사절로 보냈다.

823년(헌덕왕 15) 정월 5일, 서원경에서 하늘로부터 벌레가 떨어지는 일이 있었다. 9일, 흰색·검은색·붉은색 세 종류의 벌레가 눈이 내렸음에도 기어 다니다가 햇빛을 보자 그쳤다. 원순(元順)과 평원(平原) 두 각간의 나이가 70세에 이르러 관직에서 물러나기를 청하자 안석과 지팡이를 내려주었다. 2월에 수성군(水城郡)과 당은현(唐恩縣)을 합쳤다. 4월 12일, 유성이 천시(天市)에서 나타나 제좌(帝座)를 범하고 천시(天市) 동북쪽과 직녀(織女)·왕량(王良)을 지나 각도(閣道)에 이르러 셋으로 갈라져 북치는 것 같은 소리를 내면서 없어졌다. 아직 가을인 음력 7월에 눈이 내렸다.

825년(헌덕왕 17) 정월, 헌창의 아들 범문(梵文)이 고달산(高達山) 도적 수신(壽神) 등 100여 명과 함께 반란을 일으켰다.

평양(平壤)에 도읍을 세우고자 북한산주(北漢山州)를 공격했으니, 도독 총명(聰明)이 군대를 동원하여 그들을 체포해 처형했다. 여기서 "평양은 고려의 양주(楊州)"라는 해설이 붙어 있다.

3월, 무진주 마미지현(馬彌知縣)의 여자가 머리 둘, 몸도 둘이었으며 팔이 넷인 아이를 낳았다. 이 아이를 낳을 때 하늘에서 큰 천둥이 쳤다 한다. 5월에 왕자 김흔(金昕)을 당나라에 보내 조공하고, 황제에게 요청했다. "앞서 와 있는 학생 최리정(崔利貞)·김숙정(金叔貞)·박계업(朴季業) 등을 본국으로 돌려보내 주시고, 새로 간 김윤부(金允夫)·김립지(金立之)·박량지(朴亮之) 등 12명이 머물러 숙위하게 해달라. 아울러 이들을 국자감에 소속시켜 학업을 닦게 해주시고 홍려시(鴻臚寺)에서 경비와 양식을 지급해달라'는 것이었다. 당에서는 이 요청을 받아들였다. 가을에 삽량주에서 흰 까마귀를 바쳤다. 우두주(牛頭州) 대양관군(大楊管郡) 니미 황지(黃知)의 아내가 한꺼번에 아들 둘 딸 둘을 낳자, 조(租) 100섬을 주었다.

826년(헌덕왕 18) 7월, 우잠군(牛岑郡) 태수 백영(白永)에게 한산(漢山) 북쪽의 여러 주와 군 사람들 1만 명을 징발하여 패강에 장성(長城) 300리를 쌓으라는 명을 내렸다. 그런 다음 인 10월에 왕이 죽었다. 헌덕(憲德)이라는 시호를 붙이고, 천림사(泉林寺) 북쪽에 장사 지냈다. 그런데 헌덕왕이 죽은 시

기에 대해서도 기록마다 차이가 난다고 한다. 『삼국사기』가
참고한 『고기(古記)』에는 826년 4월, 『신당서』에는 821년에
서 826년 사이, 『자치통감』과 『구당서』에는 831년에 죽었다
고 되어 있다는 것이다.

제42대 흥덕왕

헌덕왕의 후계자는 826년(흥덕왕 1)에 즉위한 친동생 수종 (秀宗)이다. 그가 흥덕왕(興德王)이다. 나중에 이름을 경휘(景 徽)로 고쳤다. 즉위한 해 12월에 소성왕의 딸이며 사촌인 왕 비 장화부인(章和夫人)이 죽자, 정목왕후(定穆王后)로 추봉했 다. 흥덕왕이 죽은 왕비를 잊지 못해 슬픔에 싸여 있자, 신하 들이 다시 왕비를 맞아들이라는 건의를 올렸다. 그러나 흥덕 왕은 "새도 제짝을 잃은 슬픔을 가지거늘, 훌륭한 배필을 잃 었는데 어떻게 금방 다시 장가를 든다는 말인가"라며 사양 했다. 그는 시녀들까지 가까이 하지 않았으며, 환관만이 그 의 시중을 들었다 한다.

827년(흥덕왕 2) 정월에 몸소 신궁에 제사 지냈다. 당나라 문종(文宗)은 헌덕왕이 죽었다는 말을 듣고 조회를 열지 않고, 태자좌유덕(太子左諭德) 겸 어사중승(御史中丞) 원적(源寂)을 보내 조문해 왔다. 그리고 흥덕왕을 개부의동삼사(開府儀同三司) 검교태위(檢校太尉) 사지절(使持節) 대도독계림주제군사(大都督雞林州諸軍事) 겸 지절충영해군사(持節充寧海軍使) 신라 왕(新羅王)으로, 어머니 박씨를 대비(大妃)로 아내 박씨를 왕비로 책봉했다. 여기서 소성왕의 딸인 왕비가 박씨로 나오는 것 역시, 당에 근친혼을 숨기기 위해 사실과 달리 알렸기 때문으로 본다.

3월에 고구려 승려 구덕(丘德)이 당나라에 들어가 불경을 가지고 오자, 왕이 여러 절의 승려들을 모아 그를 맞이했다. 여기서 구덕이 이미 망해버린 고구려의 승려라고 쓴 것은, 그가 고구려 출신이었기 때문이라 보는 것이 보통이다.

이후 재해와 이변이 이어졌다. 여름으로 접어드는 음력 5월임에도 서리가 내렸다. 8월에는 금성이 낮에 나타났다. 수도에 큰 가뭄이 들었다. 이럴 때 시중 영공(永恭)이 관직에서 물러났다.

828년(흥덕왕 3) 정월, 대아찬 김우징(金祐徵)을 시중으로 삼았다. 2월에 당나라에 조공 사절을 보냈다. 3월에는 눈이 3자나 내렸다.

4월에는 신라 역사에 한 획을 긋는 일이 시작되었다. 당나라 서주(徐州)에서 군중소장(軍中小將) 지위에 있던 궁복(弓福)이 귀국하여 청해진(淸海鎭) 설치를 건의한 것이다. 이 궁복이 바로 장보고(張保皐)다.

앞으로의 신라 역사에 상당한 족적을 남긴 장보고는, 몇 살 아래인 정년(鄭年: 또는 連)과 함께 당나라으로 들어가 무령군 소장(武寧軍小將)까지 올라갔다. 이들은 무예가 뛰어나 대적할 자가 없었지만, 무예는 정년이 장보고보다 조금 더 앞섰다고 한다. 특히 정년은 바다 속에서 50리를 헤엄쳐도 숨이 차지 않을 정도로 수영 실력도 뛰어났다고 전해진다. 그래서 정년이 장보고를 형이라 불렀음에도 아랫사람 노릇은 하지 않았다는 것이다. 그렇지만 둘 다 "고향과 계보를 알 수 없다"고 했듯이, 미천한 신분이었던 것 같다. 이것은 이들이 굳이 당으로 건너간 이유이기도 했을 것이다.

이렇게 당으로 건너갔던 장보고는 당에서 군대를 줄이며 자리가 위태로워지자 귀국을 결심했다. 그래서 신라로 건너와 흥덕왕에게 "중국에서 신라 사람들을 잡아가 노비로 팔고 있으니 청해(淸海)에 진영을 설치하여 막도록 해달라"는 요청을 했다. 이 청해가 고려 때부터 완도(莞島)라 부르는 곳이다. 이 제안을 받은 흥덕왕이 장보고에게 1만 명의 병력을 주며 청해진 건설을 허락했다.

홍덕왕이 청해진 건설을 허락하고 장보고에게 청해대사(淸海大使) 벼슬을 주었다는 사실도 의미심장하다. 사실 신라 관직에 대사(大使)라는 벼슬은 없었다. 있지도 않은 벼슬을 만들어 장보고를 임명한 이유는 골품제 문제 때문이었다고 본다. 즉 골품제 아래에서는 신분 낮은 사람을 고위직에 임명할 수 없으므로, 없는 자리를 만들어야 그런 한계를 피할 수 있었다는 것이다. 어쨌든 장보고가 1만 명의 병력을 확보하고 청해진을 설치한 후, 신라 사람이 노비로 팔리는 일이 없어졌다 한다.

이렇게 해서 장보고가 출세 가도를 달리고 있을 때에, 정년은 당나라에서 관직을 잃고 굶주림과 추위에 시달리며 사수(泗水)의 연수현(漣水縣)에 살고 있었다. 그러던 어느 날 정년은 당의 장수 풍원규(馮元規)에게 "내가 돌아가서 장보고에게 걸식하려 한다"고 털어놓았다. 풍원규는 장보고와의 사이를 물으며, 그 손에 죽을 수도 있음을 우려했지만, 정년은 "굶어 죽느니 고향에 가서 죽겠다"며 귀국을 감행해서 장보고를 찾았다. 장보고는 찾아온 정년을 극진하게 환대했다 한다.

이즈음 한산주 표천현(瓢川縣)에 빨리 부자가 되는 술법을 가지고 있다는 자가 나타나 많은 사람들을 홀렸다. 홍덕왕은 그 자를 잡아 먼 섬으로 쫓아버렸다. 12월, 당에 조공 사절을 보내니, 당 문종이 인덕전(麟德殿)에서 신라 사신을 접견하고 연회를 베풀며 차등을 두어 물건을 내려주었다. 당에서 돌아온 사신 대렴(大廉)이 차나무 씨앗을 가지고 왔다. 흥덕왕은 이때 가져온 차나무 씨앗을 지리산(智異山)에 심게 했다. 선덕여왕(善德王) 때부터 차를 마시기는 했지만, 이때 유행했기 때문에 외국에서 들여오지 않고 자급하려 한 것이다.

이해에, 또 장보고와 함께 주요 인물이 될 김양(金陽)이 고성군(固城郡) 태수(太守)로 임명되었다. 그는 곧바로 중원(中原) 대윤(大尹)에 임명되었다가 또 무주도독(武州都督)으로 옮겼다. 그는 부임해 가는 곳을 잘 다스리기로 명성이 높았다 한다.

829년(흥덕왕 4) 2월, 당은군(唐恩郡)을 당성진(唐城鎭)으로 바꾸고, 사찬 극정(極正)을 책임자로 보냈다.

830년(흥덕왕 5) 4월, 왕이 병들자 기도를 드리며 150명에게 승려가 되는 것을 허락했다. 12월에는 당나라에 조공 사절을 보냈다.

831년(흥덕왕 6) 정월, 지진이 일어났다. 시중 우징(祐徵)이 그만두어, 이찬 윤분(允芬)으로 교체했다. 2월에는 왕자 김능유(金能儒)를 승려 아홉 명과 함께 당나라에 조공 사절로 보냈다. 이들은 7월에 돌아오다가 바다에 빠져 죽었다. 그런데 11월에 또 당나라에 조공 사절을 보냈다.

832년(흥덕왕 7), 봄과 여름에 걸쳐 가뭄이 들어 초목이 말라 죽은 빈 땅[적지赤地]이 되었다. 흥덕왕은 정전(正殿)에 나가지 않고 평상시에 먹던 음식을 줄였으며 전국의 죄수들을 사면했다. 7월에서야 비가 내리며 해갈되었다. 그럼에도 8월에는 흉년 때문에 도적이 곳곳에서 일어났다. 10월에 흥덕왕은 사람을 파견하여 백성들을 위로하게 했다.

833년(흥덕왕 8) 봄, 나라 안에 큰 기근이 이어졌다. 4월, 관례보다 좀 늦게 왕이 시조묘에 배알했다. 10월에 복숭아꽃과 오얏꽃이 다시 피는 이변이 일어나며, 전염병이 돌아 백성들이 많이 죽었다. 11월에는 교체된 지 얼마 되지 않는 시중 윤분(允芬)이 관직에서 물러났다.

834년(흥덕왕 9) 정월, 우징을 다시 시중으로 삼았다. 이해 2월 『속일본후기(續日本後紀)』에는 재미있는 내용이 보인다. 다자이후 해안에 도착한 신라 사람들에게 현지인들이 활을 쏘아 상처를 입혔다. 일본 조정에서는 다자이후 관리를 문책하고, 활을 쏜 자기네 백성들에게 응분의 처벌을 내렸다. 그리고 상처 입은 신라인들에게 의원을 보내 치료해 준 다음, 식량을 주어 돌려보냈다고 한다. 보통은 팔이 안으로 굽게 마련이지만, 일본 조정에서 그렇게 무례하다고 비난한 신라인을 이렇게까지 보호해주었던 것이다.

9월에 왕이 서형산(西兄山) 아래로 나아가 군대를 크게 사열하고, 무평문(武平門)에서 활쏘기를 관람했다. 10월에는 흥덕왕이 나라 남쪽의 주와 군을 두루 돌면서 늙은이와 홀아비, 홀어미, 부모 없는 어린아이, 자식 없는 늙은이들을 위문하고 차등을 두어 곡식과 베를 내려주었다.

835년(흥덕왕 10) 2월, 아찬 김균정(金均貞)을 상대등으로 삼았다. 그러자 시중 우징이, 아버지가 재상이 되었다는 이유로 관직을 그만두겠다고 하여 대아찬 김명(金明)으로 교체했다.

『속일본후기』에는 이해 3월 신라 상인들이 이키노시마[일기도壱岐島]를 엿보고 있으니, 무기를 가지고 섬의 요충지를 지키게 해달라 요청했다는 다자이후의 보고를 기록해놓았다.

836년(흥덕왕 11) 정월 초하루에 일식이 있었다. 왕자 김의종(金義琮)을 당나라에 보내 숙위하게 했다. 이해 윤 5월 『속일본후기』에는, "옛날의 우호관계가 변하지 않고 화목하다"면서, 당에 보낸 일본 사신이 신라로 표류해가면 도와달라는 요청을 신라 집사부에 전하는 내용이 담겨 있다.

그런데 이런 요청을 전하러 갔다는 일본 사신이 10월, 신라에서 추방되어 돌아왔다. 신라 측에서는 일본에서 보낸 국서 내용과 사신의 말이 앞뒤가 맞지 않아 그렇게 처리했다고 한다. 국서에는 "당에 보낸 일본 사신이 신라로 표류해 가면 도와 달라"고 되어 있는데, 자기는 우호를 통하기 위해 왔다고 했다는 것이다.

6월에 살별이 동쪽에 나타났다. 7월에 금성이 달을 침범하는 현상이 관측된 후인, 12월 왕이 죽었다. 흥덕(興德)이라는 시호를 붙이고, 왕의 유언에 따라 장화왕비(章和王妃)의 능에 합장(合葬)했다.

제43대 희강왕

836년(희강왕 1)에 즉위한 제륭(悌隆: 또는 제옹悌顒)이 희강왕(僖康王)이다. 그는 원성왕대의 손자 이찬 헌정(憲貞: 또는 초노草奴)의 아들이고, 어머니는 포도부인(包道夫人)이다. 왕비는 갈문왕 충공(忠恭)의 딸 문목부인(文穆夫人)이다.

그런데 희강왕이 왕 자리에 앉기까지 피바람이 일었다. 흥덕왕이 아들 없이 죽은 뒤, 그 후계자 자리를 두고 정변이 일어난 것이다. 흥덕왕의 사촌 아우[당제堂弟] 균정과 4촌 동생의 아들 제륭(悌隆)이 왕위를 다투었다. 시중 김명과 아찬 이홍(利弘)·배훤백(裵萱伯) 등은 제륭을 지지했고, 아찬 우징(祐徵)은 조카 예징(禮徵) 및 김양(金陽)과 함께 그의 아버지 균정을 왕위에 올리려 했다. 이 싸움에서 균정 측이 선수를 쳤다. 균정을 적판궁(積板宮)으로 들인 다음 자신들이 동원한 병력으로 호위하며 새 왕이라고 선언한 것이다.

그러자 제륭을 지지하는 김명(金明)·이홍(利弘) 등이 궁을 포위했다. 김양은 동원한 병사로 궁문을 막으면서 활을 쏘아 10여 명을 죽였다. 그러자 제륭의 부하 배훤백(裵萱伯)이 쏜 화살로 김양의 다리를 맞추자, 균정이 "병력이 열세이니 물러나 뒷일을 도모하자"고 했다. 김양이 포위망을 뚫고 한기(韓歧: 또는 한지漢祇)의 시장까지 도망갔으나, 균정은 여기서 반대 세력의 병사들에게 죽었다. 김양은 통곡하며 자취를 감추었다.

이렇게 해서 왕위에 오른 희강왕은 837년(희강왕 2) 정월, 사형죄 이하의 죄수들을 대상으로 대규모 사면령을 내렸다. 그리고 죽은 아버지를 익성대왕(翌成大王)으로, 어머니 박씨를 순성태후(順成太后)로 추봉했다. 희강왕은 즉위하자, 자신을 지지해준 시중 김명을 상대등으로, 아찬 이홍을 시중으로 삼았다.

4월, 당나라 문종이 숙위하던 왕자 김의종(金義琮)을 돌려보냈다. 권력 투쟁에서 밀려난 아찬 우징이 아버지 균정을 살해한 것에 불만을 표시하며, 김명과 이홍 등과 갈등이 생겼다. 5월, 우징은 화를 입을까 해서 처·자식과 함께 황산진

(黃山津) 어구로 달아나, 배를 타고 청해진(淸海鎭) 대사(大使) 궁복(弓福)에게 보호를 요청했다. 6월에는 균정의 매부 아찬 예징(禮徵)이 아찬 양순(良順)과 함께 우징과 합류하기 위해 도망하여 왔다. 8월이 되자, 우징(祐徵)을 지지하는 병력이 청해진(淸海鎭)으로 집결했다.

당나라 문종은 신라 내부의 정세와 상관없이, 숙위하던 김충신(金忠信) 등에게 차등을 두어 비단을 내려주었다.

이렇게 희강왕에 대한 우징 측의 반격이 준비되고 있었지만, 정작 희강왕은 자신을 왕위에 올려주었던 세력에게 먼저 제거되었다. 838년(희강왕 3) 정월, 상대등 김명과 시중 이홍 등이 정변을 일으켜, 왕의 측근들을 죽였다. 그러자 희강왕은 자신도 무사하지 못할 것이라는 생각에 궁중에서 목을 매어 죽었다. 희강(僖康)이라는 시호를 붙이고, 소산(蘇山)에 장사 지냈다.

제44대 민애왕

이렇게 희강왕을 제거하고, 838년(민애왕 1) 왕위에 오른 김명이 민애왕(閔哀王)이다. 원성왕의 증손이며, 대아찬 충공(忠恭)의 아들이다. 스스로 왕위에 오른 뒤, 죽은 아버지를 선강대왕(宣康大王)으로, 어머니 박씨 귀보부인(貴寶夫人)을 선의태후(宣懿太后)로 추존하고, 아내 김씨를 윤용왕후(允容王后)라 했다. 그리고 이찬 김귀(金貴)를 상대등으로, 아찬 헌숭(憲崇)을 시중으로 삼았다.

그러나 김우징 측은 민애왕이 즉위한 다음 달부터 활발하게 움직였다. 2월, 김양(金陽)이 병사를 모아서 이미 청해진에 집결해 있던 병력과 합류했다.

이미 우징은 청해진에 들어오면서 장보고에게 아버지의 원수를 갚고 싶다는 뜻을 전했고, 장보고의 동의까지 받아놓은 상태였다. 「열전」 '장보고 편'에는 그가 돌아온 정년을 대접하려 마련한 술자리가 끝나기도 전에 왕이 시해되었다고 되어 있다. 어쨌든 장보고가 일찍부터 김우징 측에 가담하기로 결심을 굳힌 점은 분명한 듯하다.

그래서 장보고는 친구 정년(鄭年)에게 5,000병력의 지휘를 맡겨 출동시켰다. 이 병력은 3월에 출동하여 무주(武州)를 점령하고, 진격하여 남원(南原)에서 관군을 격파했다. 그러나 우징은 병사들의 피로를 우려하여 다시 청해진으로 돌아가 병력을 재정비시켰다.

겨울에 혜성이 나타나며 광채 나는 꼬리가 동쪽을 가리키니 "옛것을 제거하고 원수를 갚을 징조"라며 하례했다. 김양이 평동장군(平東將軍)이라 자칭하며, 12월에 다시 출동하자, 김양순(金亮詢)이 무주(鵡洲) 군사를 데리고 외서 합류했다. 우징 측이 염장(閻長)·장변(張弁)·정년(鄭年)·낙금(駱金)·장건영(張建榮)·이순행(李順行) 등 여섯 장수를 지휘관으로 하는 부대를 이끌고 나서자 위용이 대단했다 한다. 이 부대는 행군을 계속하여 무주 철야현(鐵冶縣) 북천(北川)에 이르러 관군 측의 대감(大監) 김민주(金敏周)의 병력과 마주쳤다. 이 전투에서 청해진 측은 낙금·이순행이 지휘하는 기병

3,000명의 활약으로 관군 병력을 격파했다.

이렇게 승리를 거둔 청해진 병력은 839년(민애왕 2) 윤 정월, 행군을 계속하여 19일에는 달벌(達伐) 언덕에 이르렀다. 민애왕 측은 이 소식을 듣고, 이찬 대흔(大昕)·대아찬 윤린(允璘)·억훈(嶷勛) 등을 지휘하는 부대에게 막도록 했다. 이 전투에서도 민애왕 측 군대는 절반의 희생을 내며 붕괴되었다. 이때 민애왕은 서쪽 교외 큰 나무 밑에서 상황을 지켜보다가, 측근들이 모두 흩어지자 이궁(離宮)인 월유택(月遊宅)으로 피했다. 그러나 여기서 청해진 부대에게 잡혀 살해당했다. 죽은 이후에는 신하들이 예를 갖추어 장사 지내고 민애(閔哀)라는 시호를 붙였다.

민애왕이 살해된 뒤, 김양은 "괴수가 죽었으니 귀족과 백성들은 편안히 있으며 경거망동하지 말라"고 민심을 달랬다. 특히 김양은 자신에게 부상을 입힌 훤백(萱伯)을 불러 용서하겠다는 뜻을 밝혀 더 이상의 보복이 없을 것임을 밝혀 사태를 수습했다 한다.

이 정변과 관련되어 김양의 종부형(從父兄: 자기보다 나이가 많은 아버지의 형제라는 뜻도 있으나 정황을 보아 사촌형으로 판단된다) 김흔(金昕)이라는 인물에 대한 이야기도 나온다. 그의 자(字)는 태(泰)고, 아버지는 벼슬이 시중 파진찬에까지 이르렀던 장여(璋如)라 한다. 어려서부터 총명하고 학문을 좋아했던 그는 822년(헌덕왕 14) 당에 사신으로 가면서 능력을 인정 받았다. 헌덕왕이 당나라에 보낼 사신으로 적임자를 찾기 어려워하던 중, 누군가가 "태종무열왕의 후예로, 자질을 갖추고 있다"고 천거하여 당나라에 들어가 숙위한 것이다.

그가 1년이 지나 귀국을 청하니, 당에서는 금자광록대부(金紫光祿大夫) 시태상경(試太常卿) 벼슬을 주었다. 왕은 귀국한 김흔을 남원태수로 임명했다 하나, 남원은 소경(小京)으로 편제되어 있어 태수가 아닌 남원소경 사신(仕臣)이라 되어 있어야 한다는 주장이 있다. 어쨌든 그는 이후 승진을 거듭하여 강주(康州) 대도독(大都督)을 거쳐, 이찬 겸 상국(相國)의 벼슬에까지 올랐다.

그러다가 이 시기 대장군으로 임명 되어, 10만 명을 거느리고 대구에서 청해진 군사의 진격을 막다가 패전했다. 이때 자신이 죽지 못했다 하여 다시는 벼슬하지 않고 소백산(小白山)에 들어가 중들과 함께 지내다가, 47세 되는 849년(문성왕 11) 8월 27일에 병으로 산골 집[산재山齋]에서 세상을 떠났다. 그해 9월 10일에 나령군(奈靈郡)의 남쪽 언덕에 장사 지냈다. 아들이 없어서, 부인이 장례(喪禮)를 치렀는데, 그녀도 비구니가 되었다 한다.

제45대 신무왕

청해진 병력을 등에 업고 일으킨 정변을 통해 왕위에 오른 김우징이 신무왕(神武王)이다. 839년(신무왕 1) 4월, 정변으로 어질러진 궁궐을 청소하고, 예징(禮徵) 등이 예를 갖추어 김우징을 맞아 왕위에 오르게 했다. 왕위에 오른 신무왕은 할아버지 이찬 예영(禮英: 또는 효진孝眞)을 혜강대왕(惠康大王)으로, 죽은 아버지를 성덕대왕(成德大王)으로 추존하며 정권의 정통성을 확보하려 했다. 이어 어머니 박씨 진교부인(眞矯夫人)을 헌목태후(憲穆太后)로, 아들 경응(慶膺)을 태자로 삼았다.

이어 자신을 후원했던 청해진 대사 장보고를 감의군사(感

義軍使)로 봉하고 식읍 2,000호를 주었다. 또 다른 후원자인 김양에게도 소판 겸 창부령(倉部令) 지위를 내려준 지 얼마 안 되어, 시중 겸 병부령(兵部令)으로 승진시켰다. 또 당나라에 파견한 사신을 통해 김양이 당으로부터 검교위위경(檢校衛尉卿) 벼슬을 받도록 해주었다. 이렇게 신무왕 측 사람들이 포상을 받은 반면, 민애왕 측 요인이었던 이홍(利弘)은 처·자식까지 버리고 산속으로 도망쳤지만, 신무왕이 보낸 기병에게 붙잡혀 죽었다.

7월, 신라에서 보낸 사신을 통해 당의 치청절도사(淄靑節度使)에게 노비를 준 일이 있었다. 당 황제는 이 사실을 듣고, 먼 곳 사람이라 불쌍히 여겨 그들을 본국으로 돌려보내라는 명을 내렸다.

그러나 신무왕은 파란만장한 사건을 겪으며 어렵게 오른 왕위에 오래 있지는 못했다. 왕위에 오른 지 얼마 되지도 않아 병으로 몸져누운 신무왕은 불길한 꿈을 꾸었다. 꿈에 이홍이 나타나 신무왕의 등에 화살을 꽂아버린 것이다. 잠을 깨어나 보니 등에 종기가 났고, 결국 839년(신무왕 1) 이달 23일에 죽었다. 신무(神武)라는 시호를 붙이고, 제형산(弟兄山) 서북쪽에 장사 지냈다.

『삼국사기』에는 신무왕의 죽음 뒤에 중원에서 정변을 일으켜 친족들을 살해하고 왕위에 오른 사례를 나열하며 "후

세 사람들에게 교훈을 주기 위해 삭제하지 않은 것"이라는
메시지를 담은 사론(史論)을 붙여놓았다.

제46대 문성왕

신무왕이 즉위하면서 태자로 책봉했던 경응(慶膺)이 문성왕(文聖王)이다. 어머니는 정계부인(貞繼夫人) 또는 정종태후(定宗太后)라고도 불렸다.

즉위한 해인 839년(문성왕 1) 8월, 문성왕은 관례대로 내규모 사면령을 내렸다. 그리고 "장보고의 공적을 잊을 수 없다"며, 진해장군(鎭海將軍)으로 삼고, 아울러 장복(章服: 무늬나 기호를 넣어서 짠 예복)을 내려주었다.

이 시기 일본에서는 바람과 파도에 강한 신라 배를 만드는 데 골몰했다 한다. 그만큼 일본에서 만든 배의 성능이 떨어져 많은 사람이 바다에서 희생되었기 때문이다.

840년(문성왕 2) 정월, 예징(禮徵)을 상대등으로, 의종(義琮)을 시중으로 임명하고, 양순(良順)에게 이찬 지위를 주었다. 그런 뒤 4월부터 6월까지 비가 내리지 않았다.

이즈음 당나라 문종이 볼모로 와 있던 사람과 규정상 머물 기간이 지난 학생 등 모두 105명을 돌려보내도록 홍려시(鴻臚寺)에 지시를 내렸다. 그만큼 신라 측에서 당의 비용으로 신라인을 유학시켰음을 추측할 수 있다. 여름에 있었던 가뭄의 영향인지 이해 겨울에 기근(饑饉)이 들었다.

그런데 12월 『속일본후기』에는 장보고가 보낸 사신을 돌려보냈다는 이야기가 나온다. 신하된 자가 외국과 교류할 수 없다는 이유였다.

841년(문성왕 3), 『속일본후기』에는 지난해에 장보고가 가져온 물건에 대한 처분 방침에 대한 이야기가 나온다. 일본 조정에서는 장보고가 보낸 사신을 돌려보내라고 명령한 반면, 그들이 가져온 물건은 민간에서 교역할 수 있게 하라는 방침을 다자이후에 전달했다. 그리고 그들이 돌아갈 식량을 지급하는 등, 도움은 아끼지 말라는 당부도 있었다. 단지 이들이 가져온 물건을 지나치게 높은 가격에 구입하는 사태를 막으라는 말을 보태두었다.

신라에서는 봄부터 수도에 전염병이 돌았다. 이런 와중에 일길찬 홍필(弘弼)이 반역을 도모하다가 발각되는 일이 있었다. 홍필은 섬으로 도망쳐 결국 잡히지 않았다.

7월, 새로 즉위한 당나라 무종(武宗)이 지난번 문종의 지시로 신라로 돌아간 김운경(金雲卿)을 치주장사(淄州長史)로 임명하면서, 문성왕을 개부의동삼사(開府儀同三司) 검교태위(檢校太尉) 사지절(使持節) 대도독계림주제군사(大都督雞林州諸軍事) 겸 지절충영해군사(持節充寧海軍使) 상주국(上柱國) 신라 왕(新羅王)으로 책봉하고, 아내 박씨를 왕비로 인정하는 조서를 보내왔다.

842년(문성왕 4) 정월, 『속일본후기』에는 신라인 이소정(李少貞)이 장보고의 죽음을 알려왔다고 되어 있다. 그 혼란을 수습하고 지난 해 일본으로 가져왔던 물건들이 자신들에게 남겨진 유산이라며 돌려받게 해달라고 한 것이다. 이 말을 들은 일본 조정에서는 이소정의 말을 믿을 수 없다고 하면서도, 장보고가 보낸 물건을 빼앗은 다자이후 관리를 문책하고 돌려주도록 조치했다. 이와 함께 물건을 빼앗게 된 이유를 잘 설명해주고, 돌아갈 양식도 지급하라 했다 한다. 그만큼 당시 일본에서는 신라와의 교역에 타격 줄 일을 피하려 한 것 같다. 그러나 정작 신라 쪽 기록에는 이런 사건의 핵심 인물인 장보고가 아직 죽지 않았던 것으로 되어 있다.

3월, 문성왕은 이찬 위흔(魏昕)의 딸을 왕비로 맞아들였다. 이렇게 되어 있기 때문에 『삼국유사』에 나오는 소명왕후[炤

明王后)가 당에서 책봉 받았다는 박씨인지, 위흔의 딸인지 애매하다.

이해 8월, 『속일본기』에는 "예로부터 조공을 바쳐왔던 신라가 조공품은 바치지 않고 장사하려고 우리나라 사정을 엿보니, 신라인의 출입을 막자"는 건의가 올라왔다 한다. 그러나 일본 조정에서는 "천황의 덕이 멀리까지 알려져 귀화하러 오는 것을 막는 것은 인자하지 못한 일"이라며 받아들이지 않았다. 오히려 "표류해 온 사람은 양식을 주어 돌려보내고, 물건은 민간에서 유통시키라"했다. 단지 일이 끝나면 "빨리 돌려보내라"는 방침만 내려보냈다.

843년(문성왕 5) 정월, 시중 의종(義琮)이 병으로 관직을 내놓아, 이찬 양순(良順)으로 교체했다. 7월에는 호랑이 다섯 마리가 신궁(神宮)의 뜰로 들어오는 사건이 있었다. 그런데 이해 8월, 『속일본후기』에는 "신라 쪽에서 북소리가 들리며, 해질 무렵이 되면 불빛도 보인다"고 대마도에서 보고가 올라왔다 한다. 일본 조정에서는 경계 태세를 강화하라는 방침을 내렸다.

844년(문성왕 6) 2월 초하루에 일식과 함께 금성이 진성(鎭星)을 침범하는 현상이 관측되었다. 3월에는 수도에 우박이 내렸다. 이때 시중 양순도 물러나, 대아찬 김여(金茹)로 교체했다. 8월에는 혈구진(穴口鎭)을 설치하고, 아찬 계홍(啓弘)을 그 지휘관(鎭頭)으로 삼았다.

문성왕 7년(845) 3월, 청해진대사 궁복(弓福)의 딸을 둘째 왕비로 맞이하려 했다. 그러나 조정의 반대에 부딪쳤다. "미천한 섬사람의 딸을 왕비로 맞을 수 없다"는 논리였다. 문성왕은 결국 반대에 굴복했다. 이후 11월에 천둥이 쳤는데 눈이 오지 않았고, 12월 초하루에 세 개의 해가 나란히 나타나는 현상이 일어났다.

846년(문성왕 8) 봄, 『삼국사기』에는 "장보고가 자기의 딸을 맞아들이지 않은 것을 원망하여 반란을 일으켰다"는 내용이 나온다. 조정에서는 장보고를 토벌하기에는 청해진 병력이 너무 막강하고, 방치해두자니 조정의 권위가 손상될 것이라 대책을 찾기 어려웠다. 그런데 이때 무주(武州) 사람 염장(閻長)이 "혼자서 장보고를 처치하겠다"며 나섰다. 염장은 청해진에 가담하는 척했고, 장보고가 그와 더불어 술을 마시며 취할 때를 누려 목을 베었다. 그런 다음, 그 무리들을 불러 달래니 장보고의 부하들이 엎드려 감히 움직이지 못했다 한다.

신라의 사정을 잘 모르는 당의 두목(杜牧)이 "문성왕이 장보고를 불러 재상으로 삼고 정년에게 청해를 지키게 했다"는 기록을 남겼으나 사실과 다름은 명백하다. 『삼국사기』에는 두목의 이름값 때문인지, "둘 다 남겨 둔다"는 입장을 취했다. 그러면서 장보고에 대해 동정적인 사론(史論)을 남겼다. 경쟁자가 될 수 있는 정년 같은 이를 받아들여 줄 정도로 어질었다고 장보고를 평가해놓고, "나라가 망하는 것은 사람이 없어서가 아니라, 그때에 어진 사람을 쓰지 않았기 때문"이라 한 것이다.

847년(문성왕 9) 2월, 평의전(平議殿)과 임해전(臨海殿) 두 전각(殿閣)을 거듭 수리했다. 5월에는 이찬 양순(良順)과 파진찬 흥종(興宗) 등이 반란을 일으켰다가 처형당했다. 8월에는 태자를 책봉했고, 이때 시중 김여(金茹)가 죽어 이찬 위흔(魏昕)으로 교체했다.

848년(문성왕 10) 『속일본후기』에는 당에서 유학하던 일본의 유명한 승려 엔닌(원인圓仁)이 신라 상선을 타고 돌아왔다는 내용이 보인다.

신라에서는 이해 봄·여름에 가뭄이 들었다. 시중 위흔이 관직에서 물러나, 파진찬 김계명(金啓明)으로 교체했다. 10월에는 하늘에서 천둥치는 듯한 소리가 나는 일이 있었다.

849년(문성왕 11) 정월, 상대등 예징이 죽어 이찬 의정(義正)으로 교체했다. 2월 『속일본후기』에는 신라에 가까운 대마도에, 만약의 사태가 우려되니 노(弩)를 다룰 병사를 요청한다는 보고가 올라왔고, 일본 조정에서는 허가했다 한다.

9월에는 신라에서 이찬 김식(金式)과 대흔(大昕) 등이 반란을 꾀하다가 처형당하였고, 대아찬 흔린(昕鄰)이 연루되어 처벌 받았다.

850년(문성왕 12) 정월, 토성(土星)이 달에 들어가는 일이 있었다. 수도에 흙이 비처럼 내리며, 나무가 뽑힐 정도의 큰 바람이 불었다. 어수선한 일이 이어지자, 사형죄 이하의 죄수들을 사면하는 조치를 취했다.

851년(문성왕 13) 2월에 청해진(淸海鎭)을 폐지하고, 그곳 사람들을 벽골군(碧骨郡)으로 옮겼다. 그런 뒤 여름으로 접어드는 음력 4월에 서리가 내렸다.

이때 즈음 당나라에 갔던 사신 아찬 원홍(元弘)이 불경과 부처의 치아(齒牙)를 가지고 왔다. 문성왕은 교외까지 나가 그를 맞이했다.

852년(문성왕 14) 2월, 파진찬 진량(眞亮)을 웅천주(熊川州) 도독으로 삼았다. 이때 조부(調府)에 불이 났다. 7월에 명학루(鳴鶴樓)를 거듭 수리한 뒤인 11월, 태자가 죽었다.

853년(문성왕 15) 6월에 홍수가 났고, 8월에는 서남지방의 주(州)와 군(郡)이 메뚜기 피해를 입었다.

855년(문성왕 17) 정월, 사람을 보내 재해 피해가 심한 서남지방의 백성을 위로했다. 이렇게 민심 수습에 애를 썼는데도, 12월에는 진각성(珍閣省)에 화재가 났고, 토성(土星)이 달에 들어가는 현상이 관측되었다.

857년(문성왕 19) 8월 13일, 아버지를 왕위에 올린 공신 김양이 집에서 50세의 나이로 죽었다. 이 소식을 들은 문성왕은 애통해하며 서발한(舒發翰) 지위를 추증하고 부의(賻儀)와 장례를 김유신 급으로 하라는 명을 내렸다. 김양은 이해 12월 8일에 태종대왕릉에 묻혔다.

그러나 이렇게 김양을 배려해주었던 문성왕 자신도 9월에 병으로 누웠다. 문성왕은 서불한 의정(誼靖)을 후계자로 지목하는 유언을 남긴 뒤 7일이 지나 죽었다. 문성이라는 시호를 붙이고 공작지(孔雀趾)에 장사 지냈다.

제47대 헌안왕

문성왕이 죽은 뒤, 그가 직접 후계자로 지목했던 의정(誼靖: 또는 우정祐靖)이 857년(헌안왕 1)에 이변 없이 즉위했다. 그가 헌안왕(憲安王)이다. 그는 신무왕의 배다른 동생으로, 어머니는 선강왕(宣康王)의 딸 조명부인(照明夫人)이다. 헌안왕은 즉위한 해 대규모 사면령을 내리고, 이찬 김안(金安)을 상대등으로 삼았다.

858년(헌안왕 2) 정월, 몸소 신궁에 제사 지냈다. 하지만 그 뒤 재해와 이변이 이어졌다. 여름으로 접어드는 4월에 서리가 내리더니, 5월부터 7월에 이르기까지 비가 내리지 않았다. 이때 즈음 당성군(唐城郡)의 남쪽 강가에 길이가 40보(步)

높이가 6자에 달하는 큰 고기가 나왔다.

859년(헌안왕 3) 봄부터 지난해의 가뭄 영향으로 곡식이 귀하여 사람들이 굶주렸다. 헌안왕은 사람을 보내 진휼에 나섰다. 4월에는 제방을 수리하게 하고 농사를 권장하는 명을 내렸다.

860년(헌안왕 4) 9월, 임해전에서 신하들을 모아 잔치를 베풀며 있었던 일에 대해 비교적 자세한 기록이 남았다. 사실 이는 헌안왕의 후계자와 관련된 문제였던 것이다. 이 자리에 참석했던 15세의 왕족 응렴(膺廉)이 그 주인공이었다. 헌안왕은 "돌아다니면서 공부하다가 착한 사람을 본 일이 없는가"라며 말을 건 다음, 응렴의 대답이 마음에 든다며 왕비에게 사위 삼을 뜻을 비쳤다.

그리하여 응렴에게 "20세인 언니와 19세 동생 중 누구와 혼인하고 싶은가"를 물었다. 응렴은 사양하다가 절하여 감사를 표시하고는 집에 돌아와 부모와 의논했다. 부모는 "동생의 용모가 나으니 동생에게 장가드는 것이 좋겠다"고 했으나, 응렴은 신중하게 흥륜사(興輪寺) 승려에게 또 물었다. 그는 "언니에게 장가들면 유익한 것이 세 가지, 동생에게 장가들면 반대로 손해되는 것이 세 가지"라 하며 언니에게 장가들 것을 권했다. 응렴은 헌안왕에게 결정을 맡겼고, 결국 언니와 혼인했다.

그리고 이 결과는 바로 다음 해에 나타났다. 861년(헌안왕
5) 정월에 왕이 병으로 자리에 누워 오랫동안 낫지 않아 유
언을 남겼다. 자신에게는 아들 없이 딸만 있으니, 사위 응렴
에게 왕위를 넘기겠다는 것이다. 그런 후인 이달 29일에 죽
었다. 헌안(憲安)이라는 시호를 붙이고 공작지(孔雀趾)에 장
사 지냈다.

제48대 경문왕

  우여곡절 끝에 헌안왕의 사위가 되어, 861년(경문왕 1) 왕
위에 오른 응렴(膺廉: 응응을 또는 의疑로도 썼다)이 경문왕(景文
王)이다. 그는 희강왕의 아들 아찬 계명(啓明)의 아들이고, 어
머니는 광화부인(光和夫人: 또는 광의光義)이고, 왕비는 헌안왕
의 첫째 딸 영화부인(寧花夫人)이다. 그는 즉위한 해 3월, 무
평문(武平門)에 나가서 사면령을 내렸다.

  862년(경문왕 2) 정월, 이찬 김정(金正)을 상대등으로, 아찬
위진(魏珍)을 시중으로 삼았다. 2월에는 왕이 몸소 신궁에 제
사 지냈다. 7월, 당에 토산물을 보낼 사신을 파견했는데, 당
나라에 가던 사신 아찬 부량(富良) 일행이 8월에 바다에 빠져

죽었다.

863년(경문왕 3) 2월에 왕이 국학(國學)에 나가 박사들에게 경전을 강론케 하고, 차등을 두어 물건을 내려주었다. 10월에 복숭아꽃과 오얏꽃이 피고, 11월에 눈이 내리지 않는 이변이 있었다. 그런 일을 겪은 후, 영화부인(寧花夫人)의 동생을 맞아들여 둘째 왕비로 삼았다. 이렇게 하고 난 경문왕은 나중에 흥륜사 승려에게 "전에 말한 세 가지 이익이 무엇인가"를 물었다 한다. 그 대답은 "당시 왕과 왕비의 총애가 더욱 깊어진 것, 이로 인하여 왕위를 잇게 된 것, 막내딸을 아내로 삼게 된 것"이라는 것이었다.

864년(경문왕 4) 2월, 왕은 감은사(感恩寺)에 가서 바다에 망제(望祭)를 지냈다. 4월에는 일본 사신이 왔다.

865년(경문왕 5) 4월, 당나라 의종(懿宗)이 사신 태자우유덕(太子右諭德) 어사중승(御史中丞) 호귀후(胡歸厚)와 부사(副使) 광록주부(光祿主簿) 겸 감찰어사(監察御史) 배광(裵光) 등을 헌안왕에 조문 사절로 보냈다. 헌안왕에 대한 제사에 참여하고 1,000필을 부의(賻儀)로 주었으며, 경문왕을 개부의동삼사(開府儀同三司) 검교태위(檢校太尉) 지절(持節) 대도독계림주제군사(大都督雞林州諸軍事) 상주국(上柱國) 신라 왕(新羅王)으로 책봉했다. 그리고 경문왕에게 관고(官誥) 1통, 정절(旌節) 1벌, 채색비단 500필, 옷 2벌, 금은그릇 7개를, 왕비에게는

채색비단 50필, 옷 1벌, 은그릇 2개를, 왕태자에게는 채색비
단 40필, 옷 1벌, 은그릇 1개를, 대재상(大宰相)에게는 채색비
단 30필, 옷 1벌, 은그릇 1개를, 차재상(次宰相)에게는 채색비
단 20필, 옷 1벌, 은그릇 1개를 주었다.

866년(경문왕 6) 정월에 왕의 죽은 아버지를 의공대왕(懿恭
大王)으로, 어머니 박씨 광화부인을 광의왕태후(光懿王太后)
로 봉했다. 그리고 부인 김씨를 문의왕비(文懿王妃)로, 아들
정(晸)을 태자로 삼았다. 15일에는 황룡사로 나아가 연등을
구경하고 백관들에게 잔치를 열어주었다. 10월에는 이찬 윤
흥(允興)이 동생 숙흥(叔興)·계흥(季興)과 함께 모의한 반역
이 발각되어 대산군(岱山郡)으로 달아났다. 이들을 추격하여
처형하고 멸족시켰다.

867년(경문왕 7) 정월, 임해전을 거듭 수리했다. 5월에는
수도에 전염병이 돌았다. 8월에 홍수가 나며 곡식이 제대로
여물지 않았다. 그러자 10월에 여러 곳으로 사람을 보내 위
문했다. 12월에는 객성(客星)이 금성을 범하는 현상이 관측
되었다.

868년(경문왕 8) 정월, 이찬 김예(金銳)와 김현(金鉉) 등이
반란을 꾀하다가 처형당했다. 여름 6월에는 황룡사탑에 벼
락이 쳤다. 8월에는 조원전(朝元殿)을 거듭 수리했다.

869년(경문왕 9) 7월에 왕자 소판 김윤(金胤) 등을 당나라

에 파견하여, 말 2필, 부금(麩金) 100냥, 은 200냥, 우황 15냥, 인삼 100근, 대화어아금(大花魚牙錦) 10필, 소화어아금(小花魚牙錦) 10필, 조하금(朝霞錦) 20필, 사십승백첩포(四十升白氎布) 40필, 삼십승저삼단(三十升紵衫段) 40필, 사척오촌두발(四尺五寸頭髮) 150냥, 삼척오촌두발(三尺五寸頭髮) 300냥, 금채두오색기대(金釵頭五色綦帶)와 반흉(班胸) 각각 10조(條), 응금쇄선자(鷹金鎖鏇子)와 분삽홍도(紛鎝紅帉) 20부(副), 신양응금쇄선자분삽오색도(新樣鷹金鎖鏇子紛鎝五色帉) 30부, 응은쇄선자분삽홍도(鷹銀鎖鏇子紛鎝紅帉) 20부, 신양응은쇄선자분삽오색도(新樣鷹銀鎖鏇子紛鎝五色帉) 30부, 요자금쇄선자분삽홍도(鷂子金鎖鏇子紛鎝紅帉) 20부, 신양요자금쇄선자분삽오색도(新樣鷂子金鎖鏇子紛鎝五色帉) 30부, 요자은쇄선자분삽홍도(鷂子銀鎖鏇子紛鎝紅帉) 20부, 신양요자은쇄선자분삽오색도(新樣鷂子銀鎖鏇子紛鎝五色帉) 30부, 금화응령자(金花鷹鈴子) 200과(顆), 금화요자령자(金花鷂子鈴子) 200과(顆), 금루응미통(金鏤鷹尾筒) 50쌍, 금루요자미통(金鏤鷂子尾筒) 50쌍, 은루응미통(銀鏤鷹尾筒) 50쌍, 은루요자미통(銀鏤鷂子尾筒) 50쌍, 계응비힐피(繫鷹緋纈皮) 100쌍, 계요자비힐피(繫鷂子緋纈皮) 100쌍, 슬슬전금침통(瑟瑟鈿金針筒) 30구(具), 금화은침통(金花銀針筒) 30구, 침 1,500개 등을 보냈다. 또 학생 이동(李同) 등 세 사람을 진봉사(進奉使) 김윤(金胤)에게 딸려 보내, 당나라에서 유학하고, 책 사는 비용으로 은 300냥을 내려주었다.

870년(경문왕 10) 2월, 사찬 김인(金因)을 당나라에 보내 숙위하게 했다. 이후 재해가 이어졌다. 4월에는 수도에 지진이 일어났고, 5월에 왕비가 죽었다. 7월에 홍수가 났으며, 겨울에 눈이 오지 않으면서 전염병이 돌았다.

871년(경문왕 11), 지난해의 안 좋은 일을 의식해서인지, 정월에는 황룡사탑을 고쳐 만들었고, 2월에도 월상루(月上樓)를 거듭 수리했다.

872년(경문왕 12) 2월, 몸소 신궁에 제사 지냈다. 그래도 4월, 수도에 지진이 일어났고, 8월에도 전국이 메뚜기 피해를 입었다.

873년(경문왕 13) 봄에도 백성이 굶주리고 또 전염병이 번졌으므로, 왕이 사람을 보내 진휼했다. 9월에는 2년 전 시작한 황룡사탑의 공사가 끝났는데, 9층에 높이가 22장(丈)이었다.

874년(경문왕 14) 정월, 상대등 김정(金正)이 죽어 시중 위진(魏珍)으로 교체하고, 인흥(藺興)을 시중으로 삼았다. 4월에 당나라 희종(僖宗)이 사신을 보내왔다. 5월에는 이찬 근종(近宗)이 궁궐을 점령하려 했으나, 궁궐을 지키는 군사[금군禁軍]를 동원하여 격파했다. 근종은 그 무리들과 함께 밤에 성에서 탈출했으나, 추격하여 붙잡은 다음 거열형(車裂刑)에 처했다. 그런 일을 겪고 난 9월, 월정당(月正堂)을 거듭 수리했다.

이때 최치원(崔致遠)이 당나라에서 과거에 급제했다. 그의 자(字)는 고운(孤雲: 또는 해운海雲)이며, 사량부(沙梁部) 출신이다. 『삼국유사』에는 본피부 출신이라 되어 있다. 기록이 없어져 그 가계는 알 수 없다고 한다. 치원은 어려서부터 학문을 좋아하여, 12세 때 당나라로 유학을 떠났다. 그때 그 아버지가 "십년 안에 과거에 급제하지 못하면 내 아들이 아니다"라 했다 한다.

그는 당의 예부시랑 배찬(裴瓚) 아래에서 한번에 합격하여 선주(宣州) 율수현위(溧水縣尉)에 임명되었고, 그 치적을 평가받아 승무랑(承務郎) 시어사내공봉(侍御史內供奉) 자금어대(紫金魚袋) 벼슬을 받았다. 그 무렵 고병(高騈)이 황소(黃巢)의 반란 진압에 제도행영병마도통(諸道行營兵馬都統) 자격으로 출전할 때, 최치원을 종사관으로 임명하고 서기의 임무를 맡겼다. 그가 지은 표·장·시·계((表狀書啓)가 고려 때까지 전했다 한다.

875년(경문왕 15) 재해와 이변이 이어졌다. 2월, 수도와 나라의 동쪽 지방에 지진이 일어난 이후, 살별이 동쪽에 나타났다가 20일 만에 없어졌다. 5월에는 용이 왕궁의 우물에서 나타났고, 구름과 안개도 사방에서 모여 들었다가 날아가 버렸다. 그런 후인 7월 8일에 왕이 죽어, 경문(景文)이라는 시호를 붙였다.

『삼국유사』에는 경문왕에 대한 설화가 몇 가지 있다. 첫째는 그가 뱀을 가슴에 올려놓고 잠을 자는 버릇이 있었다는 것이다. 그래서 사정을 모르는 시종들이 뱀을 쫓아내려는 것을 말렸다고 한다. 그리고 즉위한 뒤 갑자기 귀가 커진 사실을 아무도 몰랐는데, 관을 만드는 장인(匠人)만 알고 있었다. 이를 발설할 수 없었던 장인이 죽기 직전 도림사(道林寺) 대나무 밭에서 "임금님 귀는 당나귀 귀"를 외쳤다는 유명한 이야기의 주인공이 바로 경문왕이다. 뒤에 조금 더 붙어 있는 이야기도 있다. 바람이 불기만 하면 대나무 숲에서 "임금님 귀는 당나귀 귀"라는 소리가 나자, 경문왕은 대나무를 베어버리고 산수유를 심었다고 한다. 그랬더니 소리가 "임금님 귀는 길다"로 바뀌었다는 것이다. 여기에 일부 화랑들이 나라를 다스릴 뜻이 있어 노래 3수를 지어 바쳤더니 경문왕이 기뻐하며 상을 주었다는 이야기도 있다.

제49대 헌강왕

875년(헌강왕 1), 헌강왕(憲康王)이 왕위에 올랐다. 이름은 정(晸)이다. 경문왕의 태자로, 어머니는 문의왕후(文懿王后)이고 왕비는 의명부인(懿明夫人)이다. 왕은 성품이 총명하고 민첩하였으며 책보기를 좋아하여 눈으로 한번 본 것은 모두 입으로 외웠다. 즉위한 해에 이찬 위홍(魏弘)을 상대등으로 삼고 대아찬 예겸(乂謙)을 시중으로 삼았다. 중앙과 지방의 사형죄 이하의 죄수들을 크게 사면했다.

876년(헌강왕 2) 2월, 황룡사에서 승려들에게 재(齋)를 베풀고 백고좌회(百高座會)를 열어, 왕이 몸소 참석했다. 7월에는 당나라에 사신을 보내 토산물을 바쳤다.

877년(헌강왕 3) 정월, 고려 태조 왕건(王建)이 태어났다.

878년(헌강왕 4) 4월, 당나라 희종(僖宗)이 사신을 보내 헌강왕을 사지절(使持節) 개부의동삼사(開府儀同三司) 검교태위(檢校太尉) 대도독계림주제군사(大都督雞林州諸軍事) 신라 왕(新羅王)으로 책봉했다. 그 보답으로 7월에 당나라에 사신을 보내려다가, 당에 황소(黃巢)가 난을 일으켰다는 말을 듣고 그만 두었다. 8월에 일본 사신이 찾아와, 조원전으로 불러 접견했다.

879년(헌강왕 5) 2월, 국학에 나가 박사(博士) 이하에게 강론시켰다. 3월에 나라 동쪽의 주와 군을 순행(巡幸)할 때, 홀연히 나타난 네 사람이 왕의 수레 앞에서 노래 부르고 춤을 추었다. 생김새가 해괴하고 옷차림과 두건이 괴상한 이들을, 당시 사람들은 그들을 산과 바다의 정령(精靈)이라 일컬었다 한다. 이 사건이 헌강왕 즉위 원년의 일이라는 설도 있다.

그리고 이해 6월, 일길찬 신홍(信弘)이 반란을 일으켰다가 처형당하는 사건이 일어났다. 10월에는 준례문(遵禮門)에 나아가 활쏘기를 관람하고, 11월에는 혈성(穴城)의 들판에서 사냥했다.

880년(헌강왕 6) 2월, 금성이 달을 침범하는 현상이 관측되었다. 이때 시중 예겸(乂謙)이 관직에서 물러나, 이찬 민공(敏恭)으로 교체했다. 8월에는 웅주에서 상서로운 벼이삭[가화

嘉禾]을 바쳤다. 9월 9일에는 왕이 신하들과 함께 월상루(月上樓)에 올라가 사방을 둘러보았다. 이때 수도 백성의 집들이 이어져 있고, 노래와 음악소리가 끊이지 않았다 한다. 이를 본 헌강왕은 시중 민공(敏恭)에게 "지금 백성들도 기와로 지붕을 덮고, 숯으로 밥을 짓는다고 하니 사실인가?"라고 물었다. 민공이 "그렇다"며 "다 거룩하신 덕의 소치"라 답하여, 서로 덕담을 주고받으며 즐거워했다.

그런데 『삼국유사』에는 이런 이야기 뒤에 설화 몇 개를 보태놓았다. 헌강왕이 개운포(開雲浦)에 놀러왔다가 돌아가려고 물가에서 쉬고 있었는데, 구름과 안개가 자욱해져 길을 잃었다. 헌강왕이 영문을 묻자 일관(日官)은 "동해 용왕의 조화이니 좋은 일을 하여 풀어주어야 할 것"이라 답을 올렸다. 그래서 헌강왕은 용을 위하여 근처에 절을 짓도록 명을 내렸다. 그러자 구름과 안개가 걷혀, 그곳을 개운포라 이름 지었다는 것이다. 동해 용왕도 기뻐하며 이들 일곱을 데리고 왕 앞에 나타나, 왕의 덕을 찬양하며 춤을 추고 음악을 연주했다.

그러고 나서 일곱째 아들 처용(處容)이 헌강왕을 따라 서라벌로 들어가 왕을 도왔다. 헌강왕도 그를 붙잡아두기 위해 아름다운 여자를 그의 아내로 삼고, 급간이란 벼슬을 주었다. 그런데 병을 옮기는 귀신이 처용의 아내를 흠모하여, 밤이면 사람으로 변하여 그 집에 가서 그녀와 동침했다. 처용이 밖에서 돌아와 아내가 다른 남자와 잠자리를 같이 하고 있는 것을 보고, 쿨하게 노래 부르고 춤을 추면서 물러나왔다. 그랬더니 귀신이 원래 모습으로 나타나 처용 앞에 꿇어 앉으며 "노여움을 나타내지 않는 데 감동하여, 이제부터는 공의 모습이 그려진 것만 보아도 그 문안에 들어가지 않겠다"고 맹세했단다. 그래서 이후 처용의 형상을 문에 그려 붙여서 잡귀를 쫓는 풍속이 생겼다는 것이다.

수도로 돌아온 헌강왕은 이내 영취산(靈鷲山) 동쪽 기슭에 경치 좋은 곳을 골라 절을 세우고 망해사(望海寺)라는 이름을 붙였다. 용을 위해서 세웠다 하여, 이 절을 신방사(新房寺)라고도 불렀다.

헌강왕에 대해서는 춤과 얽힌 설화가 많다. 그가 포석정에 갔을 때 남산의 신이 나타나 왕 앞에서 춤을 추었는데, 왕에게만 보일 뿐 다른 사람들의 눈에는 보이지 않았다고 한다. 왕 자신도 춤을 따라 추면서 그 형상을 나타내었는데, 그 신의 이름을 상심(詳審)이라고 불렀다. 지금까지 사람들은 이 춤을 어무상심(御舞詳審), 또는 어무산신(御舞山神)이라고 한다. 어떤 이는 신이 나와서 춤을 추는 모습을 새겨서 보이도록 명하여 후세 사람들에게 보여주었기 때문에 상심(象審) 또는 상염무(霜髥舞: 상염은 흰수염이다)라고도 했다 한다.

또 헌강왕이 금강령에 갔을 때 춤을 춘 북악(北岳)의 신을 옥도령(玉刀鈴)이라 했으며, 동례전(同禮殿)에서 잔치를 할 때에는 춤을 춘 신의 이름을 지백급간(地伯級干)이라 했다. 이래 놓고 어법집(語法集)을 인용하여 "그때 산신이 춤도 추고 노래 부르기를 지리다도파도파(智理多都波都波)라 했는데, '도파'라고 한 것은 '대개 지혜로 나라를 다스리는 많은 사람들이, 미리 사태를 짐작하고 도망하여 도읍이 장차 파괴된다'는 뜻이다. 즉 지신과 산신은 장차 나라가 멸망할 것을 알았기 때문에 춤을 추어 이를 나타낸 것이나, 사람들이 이를 깨닫지 못하고 좋은 징조라 여기며 술과 여색을 더욱 즐기는 바람에 마침내 나라가 망하고 말았다"고 한 것이다.

881년(헌강왕 7) 3월에도 임해전(臨海殿)에서 잔치를 베풀었다. 술이 얼근하게 취하자, 임금이 거문고를 타고 신하들은 가사(歌詞)를 지어 바치며 즐겁게 놀았다.

882년(헌강왕 8) 4월에는 일본국 왕이 사신을 보내 황금 300냥과 야광주[명주明珠] 10개를 바쳤다 한다. 12월에는 고미현(枯彌縣) 여자가 한꺼번에 아들 셋을 낳는 일이 있었다.

883년(헌강왕 9) 2월, 왕이 삼랑사(三郞寺)로 가, 문신(文臣)들에게 각자 시 한 수를 짓도록 했다.

885년(헌강왕 11) 2월, 호랑이가 궁궐의 뜰에 들어오는 사건이 있었고, 그 후인 3월에 최치원이 돌아왔다. 그의 나이가 28세에 이르러 귀국할 뜻을 가지자, 이를 알게 된 당 희종(僖

宗)이 신라에 보내는 사신으로 파견해 준 것이다. 그러자 헌강왕은 최치원을 붙들어 두려고 시독겸한림학사(侍讀兼翰林學士) 수병부시랑(守兵部侍郎) 지서서감사(知瑞書監事) 벼슬을 내려주었다. 최치원도 당에 유학 가서 배운 지식을 활용할 생각에 신라의 벼슬을 받아들인 것으로 보인다. 그러나 그의 생각대로 기회가 많지는 않았던 듯하다. 그에게 주어진 벼슬이 태산군(太山郡) 태수라는 지방관이었던 것이다.『삼국사기』에는 왕조 말기여서 의심과 시기가 많아 용납되지 않았기 때문이라는 식으로 적혀 있다.

10월 임자에 태백성이 낮에 나타나는 일이 있을 때 즈음, 헌강왕은 당나라에 사신을 보내 황소(黃巢) 무리를 진압한 일에 대해 축하 뜻을 전했다.

886년(헌강왕 12) 봄에 북진(北鎭)에서 보고가 들어왔다. "적국인(狄國人)이 진(鎭)에 들어와 나무 조각을 나무에 걸어놓고 돌아갔다"는 것이다. 그 나무 조각에는 "보로국(寶露國)과 흑수국(黑水國) 사람들이 신라국과 화친하고 싶어 한다"는 내용이 15자로 쓰여 있었다.

6월, 왕이 몸이 편치 않아 나라 안의 죄수를 사면했다. 그리고 황룡사에서 백고좌회(百高座會)를 열어 불경을 강설했다. 그러한 노력에도 불구하고 7월 5일 왕이 죽었다. 헌강(憲康)이라는 시호를 붙이고 보리사(菩提寺) 동남쪽에 장사 지냈다.

제50대 정강왕

경문왕이 죽자, 886년(정강왕 1)에 둘째 아들 황(晃)이 왕위에 올랐다. 그가 정강왕(定康王)이다. 『삼국유사』에는 그가 민애왕의 친동생이라 해놓았으나, 나이로 볼 때 사실인 것 같지 않다. 즉위한 해인 8월에 이찬 준흥(俊興)을 시중으로 삼았는데, 나라 서쪽 지방에 가뭄에 이어 흉년이 들었다.

887년(정강왕 2) 정월, 황룡사에서 백고좌회를 열고 직접 참여하여 강설을 들었다. 한주(漢州)의 이찬 김요(金蕘)가 반란을 일으켜, 군대를 동원해 제압한 뒤 처형했다. 그러나 정강왕도 오래 가지 못했다. 5월, 병이 든 정강왕은 시중 준흥(俊興)에게 고모 만(曼: 또는 만헌曼憲)을 후계자로 삼으라는 유

언을 남겼다. 그런 뒤인 7월 5일에 왕이 죽었다. 정강(定康)이
라는 시호를 붙이고 보리사(菩提寺) 동남쪽에 장사 지냈다.

제51대 진성여왕

정강왕이 죽은 다음에는 특이하게도 세대를 거슬러 올라가, 887년(진성여왕 1) 왕위가 헌강왕의 여동생 만(曼)에게 돌아갔다. 그녀가 진성여왕이다. 『삼국사기』에는 『최치원문집(崔致遠文集)』에 경문왕의 이름이 응(凝)으로 되어 있는데 본기(本紀)에서는 경응(膺廉)이라 하고, 진성여왕의 이름은 탄(坦)인데 본기에서는 만(曼)이라 되어 있다며 의문을 표시했다. 또한 정강왕 황(晃)이 죽은 시기에 대해서도 혼선이 있다 해놓았다. 그러나 현대 연구자들은 『삼국사기』 편찬자들이 착각했다고 본다.

즉위한 해에 진성여왕은 대규모 사면령을 내리고, 여러

주와 군의 1년간 조세를 면제해주었다. 그리고 황룡사에서 백고좌회를 열고 몸소 참석하여 설법(說法)을 들었다. 그런데 이해 겨울에 눈이 오지 않았다.

888년(진성여왕 2) 2월에 소량리(少梁里)의 돌이 저절로 움직이는 사건이 있었다. 그런 뒤 진성여왕이 평소 각간 위홍(魏弘)과 정을 통해왔다는 이야기가 이어졌다. 그래서 여왕이 즉위한 다음에는 위홍이 궁궐에 들어와 일을 마음대로 처리하고 있다는 것이다. 이렇게 흉한 이야기를 하다가 뜬금없이 위홍에게 대구화상(大矩和尙)과 함께 향가(鄕歌)를 모아 『삼대목(三代目)』이라는 향가집을 편찬하라는 명을 내렸다는 이야기로 이어졌다.

그런데 그런 위홍이 갑자기 죽었다. 그러자 진성여왕은 그를 혜성대왕(惠成大王)으로 추존했다. 그렇게 위홍이 죽은 이후에는 젊은 미남자 2~3명을 몰래 끌어들여 음란한 짓을 하고는 그들에게 중요한 관직을 주어서 나라의 정치를 맡겼다 한다. 이 때문에 아첨으로 임금의 총애를 받게 된 사람들이 설치며 나라의 기강이 무너졌다고 했다.

이때 누군가 당시 정치를 근거 없이 비방하는 글을 지어, 조회 들어가는 길에 붙여놓는 사건이 일어났다. 범인을 색출하려 해도 찾을 수가 없자, 누군가 왕에게 "문인(文人)으로 뜻을 얻지 못한 자가 한 짓 같으니, 대야주(大耶州)에 은거하고 있는 거인(巨仁)이 의심스럽다"고 했다. 그러자 진성여왕은 거인을 체포하여 감옥에 가두고 처벌하려 하자, 거인이 억울하다며 감옥의 벽에 글을 썼다. 그런데 그날 저녁에 갑자기 구름과 안개가 끼며 천둥이 치고 우박이 내렸다. 두려워진 진성여왕은 거인을 석방하여 돌려보냈다 한다.

그런 뒤인 3월 초하루에 일식이 있었다. 왕이 병환이 들었는데, 죄수의 사정을 살펴 사형죄 이하를 사면하고, 60명에게 승려가 되는 것을 허락하니 왕의 병이 나았다 한다. 그러나 5월에 가뭄이 들었다.

889년(진성여왕 3) 나라 안의 여러 주와 군에서 공물과 조세[공부貢賦]를 보내오지 않아, 나라 재정이 바닥났다. 진성여왕이 사람을 보내 조세 납부를 독촉하자, 곳곳에서 도적들이 일어났다. 그 중 대표적인 세력이 사벌주를 근거로 하여 일어난 원종(元宗)과 애노(哀奴)였다. 진성여왕은 나마 영기(令奇)에게 진압을 명했지만, 영기는 적을 두려워하여 제대로 진압에 나서지 못하였으나, 촌주(村主) 우련(祐連)은 싸우다가 죽었다. 그러자 진성여왕이 영기를 처형하고, 나이 10여 세 된 우련의 아들에게 촌주 자리를 잇게 했다.

890년(진성여왕 4) 정월에 햇무리가 다섯 겹으로 둘러졌다. 이달 15일에 진성여왕은 황룡사에서 연등(燃燈)을 구경했다. 그러나 다음해부터 국내 정세는 험악해졌다.

891년(진성여왕 5) 10월, 북원(北原)의 양길(梁吉)이 그의 부하 궁예(弓裔)가 지휘하는 100여 명의 기병을 보내 북원의 동쪽 마을 및 명주(溟州) 관내 주천(酒泉) 등 10여 군현을 습격했다.

892년(진성여왕 6)에는 완산(完山) 견훤(甄萱)이 그 지역을 기반으로 후백제(後百濟)를 세웠다. 그러자 무주(武州) 동남쪽의 군·현이 그의 수중에 들어갔다.

893년(진성여왕 7), 병부 시랑 김처회(金處誨)를 당나라에 보내 정절(旌節)을 바치게 하였으나, 그는 바다에서 빠져 죽었다.

이 사건이 최치원과도 연결되었다. 신라 측에서는 이 상황을 설명하기 위한 고주사(告奏使)로 추성군(橻城郡) 태수 김준(金峻)을 차출했고, 부성군(富城郡) 태수로 있던 최치원을 새해 축하 사절로 임명했다. 그러나 이때는 흉년이 들고 민심이 흉흉하여 최치원이 당에 가지 못했다 한다. 나중에 당에 사신으로 간 듯하지만 그 시기는 알 수 없고, 단지 당시 당의 태사시중(太師侍中)에게 보냈던 편지만 남아 있다. 최치원은 이 편지를 통해 당과 신라의 우호관계를 강조하며, 최근 나라에 혼란이 생겨 신라 사신이 당에 가기 어려운 사정이 있으니, 당 측에서 비용과 편의를 제공해 달라는 호소를 했다.

이때 신라의 또 다른 문호, 최승우(崔承祐)가 당의 과거에 급제 했다는 기록이 나온다. 그는 후에 견훤 휘하로 들어갔다.

894년(진성여왕 8) 2월, 모처럼 기회를 잡은 최치원이 시무(時務) 10조를 올리자, 진성여왕은 이를 받아들이고 최치원을 아찬으로 삼았다. 그렇다고 해서 최치원이 이후 신라 정국에서 큰 영향력을 가진 것은 아니었다. 「열전」 '최치원 편'에도 "혼란한 세상을 만나 발이 묶이고 걸핏하면 허물을 뒤집어쓰니, 때를 만나지 못한 것을 스스로 가슴 아파하여 다시 관직에 나갈 뜻이 없었다"고 되어 있다. 『삼국사기』에는 중원에 이름을 떨쳤던 최치원이 말년에는 사방을 방랑하며 노닐었다며 아쉬움을 표했다. 그래도 고려 태조 왕건은 그를 인정해주었으며, 고려가 세워진 후 그의 제자들을 많이 등용했다고 적었다.

이해 10월, 궁예가 600여 명을 거느리고 북원(北原)으로부터 하늘라(何瑟羅)에 들어갔다. 이때 궁예는 장군(將軍)을 자칭했으며, 895년(진성여왕 9) 8월에는 궁예가 저족군(猪足郡)과 성천군(狌川郡)을 점령했다. 이어 한주(漢州) 소속의 부약(夫若)과 철원(鐵圓) 등 10여 군현도 수중에 넣었다.

상황이 이렇게 심각하게 돌아가던 10월, 진성여왕은 헌강왕의 서자(庶子) 요(嶢)를 태자로 삼았다. 그는 헌강왕이 사냥하러 가는 길에 아름다운 여자를 보고 동침하여 임신시켜 낳은 아들이다. 그가 성장하자 풍체가 뛰어나 요(嶢)라는 이름을 붙였다 한다. 진성왕이 그를 대궐로 불러 들여, 그의 등을 어루만지며 "내 형제자매의 뼈대는 다르다. 이 아이의 등에 두 뼈가 불룩하게 솟아 있으니 헌강왕의 아들이구나!"라며 담당 관청에 예를 갖추어 책봉하도록 명을 내렸다.

896년(진성여왕 10), 나라의 서남쪽에서 일어난 도적들을 두고, 붉은 바지를 입었다 하여 적고적(赤袴賊)이라 불렀다. 이들은 파죽지세로 진격하여 수도의 서부 모량리(牟梁里)에까지 이르러 민가를 약탈해갔다.

897년(진성여왕 11) 6월, 여왕은 "최근 백성이 가난해지고 도적들이 일어나는 이유가 자신이 덕이 없는 탓"이라며, 태자 요(嶢)에게 왕위를 물려주었다. 그리고 이를 당나라에 사신을 보내 알렸다. 그리고 난 뒤인 12월, 여왕이 북궁(北宮)에서 죽었다. 진성(眞聖)이라는 시호를 붙이고 황산(黃山)에 장사 지냈다.

제52대 효공왕

897년(효공왕 1), 진성여왕의 양위로 왕위에 오른 요(嶢)가 효공왕(孝恭王)이다. 그의 어머니는 김씨라고만 알려져 있다. 『삼국유사』에서는 효공왕의 어머니가 문자왕후(文資王后)라고 되어 있으나, 그녀는 헌강왕의 어머니이기 때문에 잘못된 것이라고 보기도 한다. 효공왕은 즉위한 뒤, 크게 사면하고 문무백관의 관작(官爵)을 한 등급씩 올려주었다.

898년(효공왕 2) 정월, 어머니 김씨를 의명왕태후(義明王太后)로 삼았다. 그러면서 서불한 준흥(俊興)을 상대등으로, 아찬 계강(繼康)을 시중으로 삼았다. 이런 중인 7월, 궁예가 패서도(浿西道)와 한산주(漢山州) 관내의 30여 성을 점령하고 송악군(松岳郡)에 도읍을 정했다.

899년(효공왕 3) 3월, 이찬 예겸(乂謙)의 딸을 왕비로 맞아들였다. 7월에는 북원(北原)의 양길(梁吉)이, 국원(國原) 등 10여 곳의 성주들과 협력하여 궁예를 치려고 군대를 비뇌성(非惱城) 아래로 진군시켰으나, 궁예의 군대에 패퇴했다.

900년(효공왕 4) 10월, 국원(國原)·청주(靑州)·괴양(槐壤)의 청길(淸吉)과 신훤(莘萱) 등이 궁예 휘하로 들어갔다.

이렇게 성장한 궁예는 901년(효공왕 5) 왕을 자칭했다. 이런 와중인 8월, 후백제 왕 견훤(甄萱)이 대야성을 공격하다가 실패하자, 금성(錦城)의 남쪽으로 이동하여 연변(沿邊)의 마을을 약탈하고 돌아갔다.

902년(효공왕 6) 봄으로 접어드는 음력 3월에 서리가 내렸다. 이때 대아찬 효종(孝宗)을 시중으로 삼았다.

903년(효공왕 7) 궁예가 도읍을 옮기려, 철원(鐵圓)과 부양(斧壤)의 지세를 두루 살펴보았다.

904년(효공왕 8) 궁예가 신라의 제도를 본 딴 관직을 설치했다. 그래도 일부 차이는 있었으며, 나라 이름을 마진(摩震)이라 하고 연호를 무태(武泰)라 했다. 이러면서 패강도(浿江道)의 10여 주·현이 궁예 휘하로 들어갔다.

905년(효공왕 9) 이변이 잇달았다. 2월에는 별이 비 오듯 떨어졌고, 여름으로 접어드는 음력 4월에 서리가 내렸다. 이러던 7월, 궁예가 철원으로 도읍을 옮겼다. 도읍을 옮기며 세력을 정비한 궁예는 8월에 군대를 움직여 신라의 변방 고을을 약탈하며 죽령(竹嶺) 동북쪽에까지 이르렀다. 효공왕은 자신이 통제하는 영토가 날로 줄어드는 것을 우려하면서도 막을 힘이 없다는 생각에, 성주(城主)들에게 나가서 싸우지 말고 농성하라는 명을 내렸다.

906년(효공왕 10) 정월, 파진찬 김성(金成)을 상대등으로 삼았다. 3월에는 당나라에 들어가 과거에 급제하여 공부원외랑(工部員外郞) 기왕부자의참군(沂王府諮議參軍)까지 올라갔던 김문울(金文蔚)이, 이때 책명사(冊命使)에 임명되어 돌아왔다. 그뒤 4월부터 5월까지 비가 내리지 않았다.

이 가뭄은 907년(효공왕 11) 봄과 여름까지 이어졌다. 그러면서 일선군(一善郡) 이남의 10여 성을 견훤에게 빼앗겼다.

908년(효공왕 12)은 이변과 재해 기록으로 채워졌다. 2월에 살별이 동쪽에 나타난 것을 시작으로 3월에는 서리, 4월에는 우박이 내렸다.

909년(효공왕 13) 6월, 궁예가 휘하 장수인 왕건의 함대를 보내 진도군(珍島郡)을 점령하고 고이도성(皐夷島城)을 함락했다.

910년(효공왕 14), 이번에는 견훤이 직접 보병과 기병 3,000명을 이끌고 나주성(羅州城)을 열흘 넘게 포위했다. 궁예의 수군이 그들을 습격하자, 견훤은 군대를 이끌고 물러갔다.

911년(효공왕 15) 정월 초하루에 일식이 있었다. 사정이 어려움에도 효공왕이 비천한 첩에게 빠져서 나라의 정치를 돌보지 않았다. 대신 은영(殷影)이 간언(諫言)하였으나 따르지 않자, 은영은 그 첩을 잡아 죽였다. 이런 중에 궁예는 나라 이름을 태봉(泰封), 연호를 수덕만세(水德萬歲)라 했다.

912년(효공왕 16) 4월, 왕이 죽었다. 효공(孝恭)이라는 시호를 붙이고, 사자사(師子寺) 북쪽에 장사 지냈다.

제53대 신덕왕

효공왕이 아들 없이 죽고 난 다음, 사람들에게 추대되어, 912년(신덕왕 1)에 즉위한 왕이 신덕왕(神德王)이다. 특이한 점은 그의 성은 박씨였다는 사실이다. 그래서 그가 아달라왕(阿達羅王)의 먼 자손이라고 되어 있다. 그러니 이달라가 아들 없이 죽었는데, 어떻게 그의 자손이 될 수 있었는지는 의문이다. 그래서 그가 원래는 김씨였는데, 신덕왕의 누이가 효공왕의 왕비가 되면서, 성을 박씨로 바꾸었기 때문이라는 해석도 있다. 그의 이름은 경휘(景暉)고, 아버지는 정강왕 때 대아찬이 된 예겸(乂兼: 또는 예겸銳謙)이다. 어머니는 정화부인(貞和夫人), 왕비는 헌강왕의 딸이다.

그는 즉위한 해인 912년(신덕왕 1) 5월에 죽은 아버지를 선성대왕(宣聖大王)으로 추존했다. 그리고 어머니를 정화태후(貞和太后)로, 왕비를 의성왕후(義成王后)로, 아들 승영(昇英)을 태자로 삼았다. 그리고 이찬 계강(繼康)을 상대등으로 임명했다.

913년(신덕왕 2) 이후 불길한 사건들이 이어졌다. 이해 4월, 서리가 내렸고 지진이 일어났다. 다음해인 914년(신덕왕 3)에도 봄으로 접어드는 음력 3월에 서리가 내렸다. 이때 궁예가 수덕만세(水德萬歲)를 정개(政開) 원년으로 고쳤다.

915년(신덕왕 4) 6월, 참포(槧浦)의 물과 동해의 물이 서로 부딪쳐 3일동안 20장(丈) 쯤 되는 파도가 일었다.

916년(신덕왕 5) 8월, 견훤이 대야성(大耶城)을 공격하였으나 함락하지 못했다. 그리고 10월에 천둥치는 것과 같은 소리가 나며 지진이 일어났다.

917년(신덕왕 6) 정월에 금성이 달을 침범하는 현상이 관측되었다. 그런 뒤인 7월에 왕이 죽었다. 신덕(神德)이라는 시호를 붙이고 죽성(竹城)에 장사 지냈다.

제54대 경명왕

신덕왕의 후계자는 태자로 책봉되었던 승영(昇英)이 917년(경명왕 1) 왕위에 올랐다. 그가 경명왕(景明王)이다. 오래간만에 정상적인 승계가 된 셈이다. 경명왕은 즉위한 해인 917년(경명왕 1) 8월에 왕이 동생 이찬 위응(魏膺)을 상대등으로, 대아찬 유렴(裕廉)을 시중으로 삼았다.

918년(경명왕 2) 2월, 일길찬 현승(玄昇)이 반역을 꾀하다가 처형당했다. 6월에는 태봉에서 궁예가 몰려나고 왕건이 정권을 잡는 변화가 일어났다. 7월에는 상주(尙州)의 아자개(阿玆盖)가 왕건에게 가담했다.

919년(경명왕 3), 사천왕사(四天王寺)의 흙으로 만든 상(像)

이 쥐고 있던 활시위가 저절로 끊어지고, 벽에 그려진 개 그림에서 짖는 소리가 났다. 이때 상대등 김성(金成)에게 각찬(角湌) 지위를, 시중 언옹(彦邕)에게 사찬 지위를 내렸다. 왕건도 이때 송악으로 도읍을 옮겼다.

920년(경명왕 4) 정월, 서로 사신을 보내 왕건과 우호를 맺었다. 2월에 강주장군(康州將軍) 윤웅(閏雄)이 왕건에게 가담했다. 10월에는 견훤이 보병과 기병 1만 명을 거느리고 대야성(大耶城)을 공략하여 함락하고, 진례(進禮)에까지 진격해왔다. 그러자 경명왕은 아찬 김률(金律)을 보내 왕건에게 구원을 청했다. 왕건의 군대가 출동하자, 이 소식을 들은 견훤이 듣고서 돌아갔다.

921년(경명왕 5) 정월 김률이 왕건을 만났을 때 있었던 일에 대해 보고했다. 왕건이 신라의 세 가지 보물[삼보三寶]인 장륙존상(丈六尊像)·구층탑(九層塔)·성대(聖帶)에 대해 물어왔다는 것이다. 이 중 다른 것은 알고 있지만 "성대가 지금도 있는지"를 물어왔는데, 자신은 대답할 수 없었다는 보고였다. 경명왕이 여러 신하들에게 물어 남쪽 창고에 보관되어 있음을 확인한 다음 찾으러 갔으나 실패하고, 다른 날 제사를 지낸 다음에야 발견할 수 있었다.

그런데 『삼국사기』 편찬자들은 여기에 사론(史論)을 달아 비판해놓았다. 보물 진열해놓는 것을 대단한 일인 것처럼 여

겨왔으나, 이런 것은 과시일 뿐이지, 나라 다스리는 데 필수는 아니라는 것이다. 그러면서 왕건이 이를 물어본 이유도 "신라 사람들의 말을 확인해 보았을 따름이지 숭상할 만하다고 여긴 것은 아닐 것"이라며 변명을 달아놓았다.

2월, 말갈 별부(別部) 달고(達姑)의 무리가 북쪽 변경을 노략질했을 때 왕건의 부하 견권(堅權)이 기병을 이끌고 반격하여 그들을 전멸시켰다. 경명왕은 기뻐하며 왕건에게 감사 뜻을 전했다. 이렇게 말갈의 침략을 격퇴했지만, 이후 재해가 잇달았다. 4월에는 수도에 나무가 뽑힐 정도의 큰바람이 불었고, 8월에는 가뭄에 메뚜기의 재해가 겹쳤다.

922년(경명왕 6) 정월, 하지성(下枝城) 장군 원봉(元逢)과 명주(溟州) 장군 순식(順式)이 왕건에게 가담했다. 왕건은 원봉에게 순주(順州)를 본거지로 제공하고, 순식(順式)에게는 왕씨(王氏) 성(姓)을 내렸다. 그리고 같은 달에 진보(眞寶) 장군 홍술(洪述)이 또 왕건에 가담했다.

923년(경명왕 7) 7월에도 명지성(命旨城) 장군 성달(城達)과 경산부(京山府) 장군 양문(良文) 등이 왕건에게 가담했다. 이런 와중에도 경명왕은 창부시랑(倉部侍郎) 김락(金樂)과 녹사참군(錄事參軍) 김유경(金幼卿)을 후당(後唐)에 보내 조회하고 토산물을 바쳤다. 후당 장종(莊宗)은 이에 답하여 차등을 두어 물품을 내려주었다.

924년(경명왕 8) 정월에도 후당에 조공 사절을 보냈다. 그런데 이때 천주절도사(泉州節度使) 왕봉규(王逢規) 역시 사신을 보내 토산물을 바쳤다 한다. 6월에도 경명왕은 조산대부(朝散大夫) 창부시랑 김악(金岳)을 후당에 조공 사절로 파견했다. 장종은 그에게 조의대부(朝議大夫) 시위위경(試衛尉卿) 관작을 주었다. 그러던 8월, 왕이 죽었다. 경명(景明)이라 시호를 붙이고, 황복사(黃福寺) 북쪽에 장사 지냈다. 왕건은 사신을 보내 조문하며, 제사에 참여했다.

제55대 경애왕

경명왕의 뒤는 친동생 위응(魏膺)이 이었다. 그가 경애왕
(景哀王)이다. 경애왕은 즉위한 해 924년(경애왕 1) 9월에 왕
건에게 사신을 보냈다. 10월에는 몸소 신궁에 제사 지내고,
대규모 사면령을 내렸다.

925년(경애왕 2) 10월, 고울부(高鬱府) 장군 능문(能文)도 왕
건에게 투항했다. 그러나 이번에는 왕건이 그를 타일러 돌려
보냈다. 능문이 관리하는 성이 신라의 수도에 가까웠다는 이
유였다. 11월에 견훤이 조카 진호(眞虎)를 고려에 볼모로 보
냈다. 그러자 경애왕은 왕건에게 사신을 보내 "견훤은 거짓
말을 잘하고 변덕도 심하니 친하게 지내서는 안 된다"는 뜻

을 전했다.

그 저주가 통했는지, 926년(경애왕 3) 4월에 진호가 갑자기 죽었다. 견훤은 "고려 측에서 일부러 죽였다"며 군대를 동원하여 웅진(熊津)까지 진군했다. 고려 측에서 방어에 주력하자, 경애왕은 사신을 보내 "공세를 취하여 견훤을 파멸시키라"고 촉구했다. 그러나 왕건은 "그를 두려워하지 않으나, 스스로 쓰러지기를 기다릴 뿐"이라는 답을 주었다.

그러나 다음 해인 927년(경애왕 4) 정월, 왕건은 몸소 후백제를 정벌에 나섰고, 경애왕도 원군을 보냈다. 그러면서 2월 병부시랑 장분(張芬) 등을 후당에 조공 사절로 보냈다. 후당은 장분에게 검교공부상서(檢校工部尙書)의 관작을 주었고, 부사(副使) 병부랑중(兵部郎中) 박술홍(朴術洪)에게는 어사중승(御史中丞)의 관작을 겸하게 하였으며, 판관(判官) 창부원외랑(倉部員外郎) 이충식(李忠式)에게는 시어사(侍御史)의 관작을 겸하게 했다.

3월에는 황룡사 탑이 흔들려 북쪽으로 기울어졌다. 이때 왕건이 몸소 근암성(近巖城) 공략에 나서 함락했다. 이즈음 후당의 명종(明宗)이 권지강주사(權知康州事) 왕봉규를 회화대장군(懷化大將軍)으로 삼았다. 4월에도 왕봉규가 임언(林彦)을 후당에 보내 조공했고, 명종은 그가 보낸 사신을 중흥전(中興殿)에 불러 접견하고 물품을 내려주었다. 그리고 강주 관할의 돌산향(突山鄕) 등 4개 향(鄕)이 또 왕건에게 귀순했다.

9월에 견훤이 고울부(高鬱府)에서 침공해 들어왔다. 경애왕은 왕건에게 구원을 요청했고, 왕건도 구원군 1만 명을 보냈지만, 견훤은 이 병력이 미처 도착하기 전인 11월에 신라수도에 진입했다. 경애왕은 왕비와 궁녀 및 왕실의 친척들과 함께 포석정(鮑石亭)에 있다가 견훤의 군대에 생포되었다. 이때 견훤은 경애왕을 핍박하여 자살하도록 하고 왕비를 강제로 욕보였으며, 그 부하들을 풀어놓아 궁녀들을 욕보이며 약탈을 자행했다 한다. 그리고 난 다음 왕의 친족 동생[족제族弟]을 임시 왕으로 세웠다.

제56대 경순왕

927년(경순왕 1), 견훤이 신라 수도를 점령하고 왕으로 세워놓은 김부(金傅)가 경순왕(敬順王)이다. 그는 문성왕의 후손으로 이찬 효종(孝宗)의 아들이고, 어머니는 계아태후(桂娥太后)라 한다. 그는 견훤이 즉위시킨 것이나 다름없지만, 그렇다고 꼭두각시 노릇을 하지는 않았다. 그의 즉위와 관련해서는 경애왕에 대한 장례부터 나온다. 그는 경애왕의 시신을 서당(西堂)에 모셔두고, 신하들과 함께 통곡하며 경애(景哀)라는 시호를 올리며 남산(南山) 해목령(蟹目嶺)에 장사 지냈다. 왕건도 사신을 보내 조문하고 제사에 참여했다.

경순왕은 즉위한 해인 11월에 죽은 아버지를 신흥대왕(神

興大王)으로 추존하고 어머니를 왕태후로 삼았다. 12월에는
견훤이 대목군(大木郡)에 침입하여 들판에 쌓아놓은 곡식을
모두 불태웠다.

928년(경순왕 2) 정월, 고려의 장군 김상(金相)이 초팔성(草
八城) 흥종(興宗)과 싸우다 죽었다. 5월에 강주(康州) 장군 유
문(有文)이 견훤에게 투항했다. 6월에는 지진이 일어났다.
8월, 견훤이 관흔(官昕)에게 양산(陽山)에 성을 쌓으라는 명
을 내렸으나, 왕건이 명지성(命旨城) 장군 왕충(王忠)의 부대
에게 이를 공격하도록 해서 쫓아버렸다. 그러자 견훤은 대야
성(大耶城)에 진을 치고, 일부 병력을 보내 대목군의 벼를 베
어갔다. 10월에도 견훤이 무곡성(武谷城)을 함락했다.

929년(경순왕 3) 6월, 천축국(天竺國) 승려 마후라(摩睺羅)가
고려로 왔다. 7월, 견훤이 의성부(義城府)의 성(城)을 공격해
와, 고려 장군 홍술(洪述)이 맞아 싸웠으나 전사했다. 순주(順
州) 장군 원봉이 견훤에게 투항하여, 왕건을 분노하게 했으
나, 원봉의 공로를 감안하여 순주를 고쳐 현(縣)으로 만들었
다. 10월에는 견훤이 가은현(加恩縣)을 포위했으나 전과 없
이 되돌아갔다.

930년(경순왕 4) 정월, 재암성(載巖城) 장군 선필(善弼)이 고
려에 항복해와 태조가 상보(尙父)로 대해주었다. 왕건이 신
라와 우호 관계를 맺으려 할 때, 선필이 중재해 준 인연이 있

었기 때문에 포상한 것이다. 이후 왕건은 견훤과 고창군(古昌郡) 병산(甁山) 아래에서 싸워 대승을 거두었다. 그 결과 영안(永安), 하곡(河曲), 직명(直明), 송생(松生) 등 30여 군현이 차례로 이어서 왕건에게 투항했다. 왕건은 2월에 사신을 보내 승리를 알렸고, 경순왕도 답례(答禮)로 사람을 보내 만나기를 청했다. 9월에는 나라 동쪽의 바닷가 주군(州郡)의 마을들이 왕건에게 귀순해버렸다.

931년(경순왕 5) 2월, 왕건이 50여 명의 기병을 이끌고 경기(京畿)에 이르러 뵙기를 청했다. 경순왕은 신하들과 함께 교외에서부터 맞이하여 궁궐로 들어왔다. 임해전에서 잔치를 베풀며, 술이 얼근하게 취하자 경순왕이 "하늘의 도움을 받지 못하여 난리가 나고, 견훤이 의롭지 못한 짓을 행하여 우리나라를 망하게 하니 원통하다"며 왕건에게 하소연했다. 왕건은 위로하며 수십 일을 머무르다가 돌아갔고, 그때 경순왕은 혈성(穴城)까지 전송하고 사촌 동생[堂弟] 유렴(裕廉)을 볼모로 따라가게 했다. 『삼국사기』에는 왕건 휘하의 군사는 민폐를 끼치지 않았으므로, 왕경 사람들이 "옛날 견씨(甄氏)가 왔을 때에는 마치 승냥이나 범을 만난 것 같았는데, 지금 왕공(王公)이 오니 부모를 보는 듯하구나."했다고 기록되어 있다. 8월에도 왕건은 사신을 보내 왕에게 채색 비단과 안장 갖춘 말을 보내주고, 아울러 여러 관리와 장수, 군사들에게 베와 비단을 차등을 두어 나눠주었다.

932년(경순왕 6) 정월, 지진이 일어났다. 4월에는 사신 집사시랑(執事侍郎) 김불(金眪)과 부사 사빈경(司賓卿) 이유(李儒)를 당나라에 조공 사절로 보냈다.

933년(경순왕 7) 후당의 명종(明宗)은 사신을 고려에 보내 책명(冊命)을 내려주었다.

934년(경순왕 8) 9월, 노인성(老人星)이 나타났고, 이때 운주(運州) 땅의 30여 군현이 왕건에게 투항했다.

935년(경순왕 9) 10월 경순왕은 더 이상 견딜 수 없다고 여겨, 왕건에게 항복하려 했다. 신하들의 의견도 갈렸고, 왕자는 반대였다. 그러나 경순왕은 "죄 없는 백성을 희생시킬 수 없다"며 시랑(侍郎) 김봉휴(金封休)를 보내 투항을 강행했다. 왕자는 울면서 왕에게 하직하고 개골산(皆骨山)에 들어가 일생을 마쳤다 한다. 왕건은 다음 달인 11월, 대상(大相) 왕철(王鐵) 등을 보내 경순왕을 맞이하게 했다.

왕건은 경순왕에게 궁궐 동쪽의 가장 좋은 집 한 채를 내려주고, 그에게 맏딸 낙랑공주(樂浪公主)를 시집보냈다. 12월에는 경순왕을 정승공(正丞公)으로 봉하여, 태자(太子)보다 높은 지위와 함께 봉록(俸祿) 1,000섬을 주었다. 그러면서 측근들도 고려에서 모두 등용해 썼고 신라(新羅)를 경주(慶州)로 고쳐 경순왕의 식읍(食邑)으로 삼았다.

『삼국사기』에는 여기도 사론(史論)을 붙여 훌륭한 선택이라고 칭송했다. 그래서 신라의 핏줄이 고려 왕실에 남아 있게 되었다는 것이다.

신라 연표

제1대 혁거세거서간(재위 기원전 57~서기 4)

기원전 57년(혁거세 1)	신라 건국
	시조의 성은 박(朴氏), 이름은 혁거세 13세 즉위
	나라 이름은 서라벌(서나벌)
	조선 유민촌인 진한 6부에서 왕으로 추대
	통치자로서 '거서간'이라 칭함
기원전 53년(혁거세 5)	알영을 왕비로 삼음
기원전 50년(혁거세 8)	왜인이 침범하려다 되돌아감
기원전 41년(혁거세 17)	왕비 알영과 함께 6부를 돌며 민심을 돌봄
	농사와 누에치기를 권장함
기원전 39년(혁거세 19)	변한이 항복해 옴
기원전 37년(혁거세 21)	수도(京)에 금성을 쌓음
	고구려의 시조 동명 즉위
기원전 32년(혁거세 26)	금성에 왕궁을 지음
기원전 28년(혁거세 30)	낙랑이 침입했다 되돌아감
기원전 20년(혁거세 38)	마한에 호공을 사신으로 보냄
기원전 19년(혁거세 39)	신라를 위협한 마한 왕 사망
기원전 18년(혁거세 40)	백제의 시조 온조 즉위
기원전 5년(혁거세 53)	동옥저에서 말 20필 바침
서기 4년(혁거세 61)	혁거세 사망

제2대 남해차차웅(재위 4~24)

4년(남해 1)	혁거세의 적자, 남해 즉위
	어머니 알영, 왕비 운제부인
	통치자로서 '차차웅'이라 칭함
	낙랑이 침공하여 금성 포위, 곧 물러감
8년(남해 5)	맏딸을 탈해에게 시집보냄
10년(남해 7)	탈해를 대보로 삼아 군사 업무와 국정 맡김

14년(남해 11)	왜가 병선 100여 척 이끌고 노략질
	낙랑이 금성 공격, 유성 떨어지자 곧 물러감
24년(남해 21)	남해 사망

제3대 유리이사금(재위 24~57)

24년(유리 1)	남해의 태자 유리 즉위
	어머니는 운제부인
	이때부터 통치자를 '이사금'이라 칭함
28년(유리 5)	굶주린 백성 구휼 담당관청 설치
	이웃나라 백성 신라로 대거 이동
	가악의 시초 「도솔가」 지음
32년(유리 9)	6부의 이름 바꾸고 체제 정비
	6부에 각각 이·최·손·정·배·설의 성씨를 줌
	17등급의 관등 마련
	길쌈 대항 가배놀이 축제 첫시행
	이때 「회소곡」 불려짐
36년(유리 13)	낙랑이 북쪽 변경 침범, 타산성 함락
37년(유리 14)	고구려 대무신왕 낙랑 멸망시킴
	낙랑 유이민 5,000명 유입, 6부에 살게 함
40년(유리 17)	화려현·불내현 사람들이 북쪽 변경 침범
	맥국 우두머리가 군대 동원해 격퇴시킴
	맥국과 우호관계 맺음
57년(유리 34)	유리왕 사망
	탈해 왕위 잇도록 유언

제4대 탈해이사금(재위 57~80)

| 57년(탈해 1) | 탈해이사금 62세 즉위 |

	성은 석(昔)씨, 다파나국 사람
58년(탈해 2)	호공을 대보로 삼음
59년(탈해 3)	왜와 우호 관계 맺고 사신 교환
61년(탈해 5)	마한 장군 맹소 복암성 바치며 항복
	지방관 거도가 우시산국·거칠산국 신라에 병합
63년(탈해 7)	백제가 낭자곡성 진출
	백제 왕이 탈해에게 회동 청했으나 거절
64년(탈해 8)	백제가 와산성·구양성 연달아 공격
	기병 2,000명으로 격퇴
65년(탈해 9)	시림에서 알지 발견 탈해가 데려다 키움
	알지 김(金)씨 성의 시조가 됨
	시림을 계림으로 바꿔 부름
66년(탈해 10)	백제가 와산성 다시 공격 함락됨
	신라가 곧 탈환
67년(탈해 11)	왕족 박씨 일가에게 주주·군주 지위 부여
70년(탈해 14)	백제의 침입
73년(탈해 17)	왜인 목출도 침입
74년(탈해 18)	백제가 변경 침공
75년(탈해 19)	백제가 와산성 공격 점령
76년(탈해 20)	병사를 일으켜 와산성 되찾음, 백제군 200명 몰살
77년(탈해 21)	가야 군사와 황산진 싸움, 가야군 1,000명 몰살
80년(탈해 24)	탈해 사망

제5대 파사이사금(재위 80~112)

80년(파사 1)	파사이사금 즉위
	유리의 둘째 아들(또는 유리동생 나로의 아들)
82년(파사 3)	병장기 수리, 외부 침략에 대비
84년(파사 5)	고타 군주가 '파란 소'를 바침, 대풍년
85년(파사 6)	백제가 변경 침범

87년(파사 8)	성과 보루 수리, 침략에 대비
	가소성과 마두성 쌓음
94년(파사 15)	가야가 마두성 침입, 아찬 길원이 격퇴
96년(파사 17)	가야가 남쪽 변경 습격
	가성의 성주 장세가 가야군에게 살해당함
	왕이 병사 5,000으로 출전, 가야군 격퇴
97년(파사 18)	가야 정벌 논의
	가야 왕이 사신을 보내 사죄
101년(파사 22)	월성(月城) 쌓음
	왕이 월성으로 옮겨 삶
102년(파사 23)	음즙벌국과 실직곡국이 국경 문제로 다툼
	금관국 수로왕이 중재
	수로의 지시로 종이 한기부 우두머리 보제를 죽임
	음즙벌국을 공격하여 항복시킴
	실직·압독 두 나라도 항복
104년(파사 25)	실직이 배반하자 토벌 평정
105년(파사 26)	백제가 화해 요청
106년(파사 27)	왕이 압독에 행차하여 가난한 백성들 구제
	마두 성주에게 가야 정벌 명령
108년(파사 29)	비지국, 다벌국, 초팔국 정벌하여 병합
112년(파사 33)	파사 사망

제6대 지마 이사금(재위 112~134)

112년(지마 1)	지마이사금 즉위
	파사의 맏아들
113년(지마 2)	백제가 사신을 보내 예방
115년(지마 4)	가야가 남쪽 변경 노략질
	왕이 몸소 정벌에 나섰다가 퇴각
116년(지마 5)	왕이 정병 1만 명으로 가야 정벌 시도

	가야성을 포위했으나 오랜 비 때문에 회군
121년(지마 10)	대증산성 쌓음
	왜인이 동쪽 변경에 침범
122년(지마 11)	왜병이 쳐들어온다는 헛소문으로 백성들 피난
123년(지마 12)	왜와 강화함
125년(지마 14)	말갈이 북쪽 변경 침입 노략질
	말갈이 대령 목책을 습격 이하를 진격해 옴
	백제에서 5명의 장군을 보내 구원
134년(지마 23)	지마 아들 없이 사망

제7대 일성이사금(재위 134~154)

134(일성 1)	일성이사금 즉위
	유리의 맏아들(또는 일지갈문왕의 아들)
137(일성 4)	말갈이 국경 장령 지방 5개 목책 불태움
138년(일성 5)	금성에 정사당(국사를 논의하는 정청) 설치
139년(일성 6)	말갈이 연달아 장령 습격 노략질
140년(일성 7)	장령에 목책 세워 말갈 방어
142년(일성 9)	왕이 대신들과 말갈 정벌 논의
146년(일성 13)	압독(지금의 경상북도 경산) 반란 제압
154년(일성 21)	일성 사망

제8대 아달라이사금(재위 154~184)

154년(아달라 1)	아달라이사금 즉위
	일성의 맏아들
156년(아달라 3)	계립령(지금의 문경새재)의 길을 개척
157년(아달라 4)	처음으로 감물과 마산 두 현을 설치
158년(아달라 5)	죽령(풍기의 북쪽고개)의 길을 개척

	왜인이 사신을 보내 예방
165년(아달라 12)	아찬 길선이 반란을 꾀하다 발각 백제로 도망
	백제가 길선을 내주지 않아 백제 정벌 시도
167년(아달라 14)	백제가 서쪽 2개 성을 습격 백성 1,000명을 붙잡아 감
	일길찬 흥선과 왕이 군사 2만 8,000명으로 한수에 이름
	백제가 잡아갔던 백성들을 돌려보내고 화친 요청
170년(아달라 17)	백제가 변경 노략질
173년(아달라 20)	왜의 여왕 비미호가 사신을 보내 예방함
184년(아달라 31)	아달라 아들 없이 사망

제9대 벌휴이사금(재위 184~196)

184년(벌휴 1)	벌휴이사금 즉위
	성은 석씨, 탈해의 아들인 각간 구추의 아들
185년(벌휴 2)	파진찬 구도와 일길찬 구수혜가 소문국 정벌
	군주(軍主)라는 명칭 처음 사용
188년(벌휴 5)	백제가 모산성 공격
189년(벌휴 6)	구도가 백제군과 구양에서 싸워 승리
190년(벌휴 7)	백제가 서쪽 국경 원산향 습격, 부곡성 포위
	구도가 기병 500명으로 맞섰으나 패배
193년(벌휴 10)	굶주린 왜인 1,000여 명이 식량을 구하러 옴
196년(벌휴 13)	벌휴 사망

제10대 내해이사금(재위 196~230)

196년(내해 1)	내해이사금 즉위
	벌휴의 손자, 벌휴 둘째 아들인 이매의 아들
199년(내해 4)	백제가 변경 침입
201년(내해 6)	가야국이 화친 요청

203년(내해 8)	말갈이 변경 침범
207년(내해 12)	왕자 이음을 이벌찬으로 삼고 병마 업무 맡김
208년(내해 13)	왜인이 변경 침범, 이벌찬 이음이 방어
209년(내해 14)	포상의 여덟 나라가 가라 침범
	가라의 왕자가 구원 요청
	태자 우로와 이벌찬 이음이 6부의 병사를 내어 구원
212년(내해 17)	가야에서 왕자를 볼모로 보내옴
214년(내해 19)	백제가 요거성 공격, 성주 설부를 죽임
	이벌찬 이음이 군사 6,000명으로 백제 사현성 함락
218년내해 23)	백제가 장산성 포위
	왕이 병사를 이끌어 백제인 격퇴
222년(내해 17)	백제가 우두주 침입
	이벌찬 충훤이 웅곡에서 패하여 진주로 좌천
224년(내해 29)	이벌찬 연진이 봉산에서 백제와 싸워 승리
	1,000여 명을 죽이거나 사로잡음
	봉산성 쌓음
230년(내해 35)	내해 사망
	사위 조분이 왕위를 잇도록 유언

제11대 조분이사금(재위 230~247)

230년(조분 1)	조분이사금 즉위
	성은 석씨, 벌휴의 손자
231년(조분 2)	이찬 우로를 대장군으로 삼아 감문국 토벌
	감문국을 군(郡)으로 삼음
232년(조분 3)	왜인 침입 금성 포위
	왕이 기병으로 1,000여 명 격퇴
233년(조분 4)	왜군 동쪽 변경 노략질
	이찬 우로, 왜인과 사도에서 화공전술로 승리
236년(조분 7)	골벌국의 왕 아음부가 무리를 이끌고 와서 항복

	골벌국을 군으로 삼음
240년(조분 11)	백제가 서쪽 변경 침입
244년(조분 15)	이찬 우로를 서불한(이벌찬)으로 삼고 병마 업무 맡김
245년(조분 16)	고구려가 북쪽 변경 침입
	우로가 방어 공격에 나섰으나 패배
247년(조분 18)	조분 사망

제12대 첨해이사금(재위 247~261)

247년(첨해 1)	첨해이사금 즉위
	조분의 친동생
248년(첨해 2)	고구려에 사신 보내 화친 맺음
249년(첨해 3)	왜인이 서불한 우로를 죽임
	궁궐의 남쪽에 남당(국사를 논의하는 정청)을 지음
251년(첨해 5)	처음으로 남당에서 정무
255년(첨해 9)	백제가 침입, 일벌찬 익종이 맞서 싸우다 전사
	백제가 봉산성 공격했으나 점령 실패
261년(첨해 15)	달벌성 쌓음
	백제가 사신을 보내 화친을 요청했으나 거절
	첨해 갑자기 병으로 사망

제13대 미추이사금(재위 262~284)

262년(미추 1)	미추이사금 즉위
	김씨의 시조 김알지 7대손
	최초의 김씨 왕
266년(미추 5)	백제가 봉산성 공격
	성주 직선이 장사 200명으로 적군 격퇴
272년(미추 11)	백제가 변경 침범

278년(미추 17)　　　백제 병사가 괴곡성 포위, 파진찬 정원이 방어
283년(미추 22)　　　백제 병사가 다시 괴곡성 포위, 일길찬 양질이 방어
284년(미추 23)　　　미추 사망

제14대 유례이사금(재위 284~298)

284년(유례 1)　　　유례이사금 즉위
　　　　　　　　　　성은 석씨, 조분의 맏아들
286년(유례 3)　　　백제가 사신을 보내 화친 요청
287년(유례 4)　　　왜인이 일례부 습격, 백성 1,000명 잡아감
292년(유례 9)　　　왜의 침입 사도성 함락
293년(유례 10)　　　사도성 고쳐 쌓음
　　　　　　　　　　사벌주의 부유한 백성 80여 호 사도성에 이주시킴
294년(유례 11)　　　왜가 장봉성 공격
295년(유례 12)　　　왕이 왜 정벌 논의, 신하들 반대로 포기
298년(유례 15)　　　유례 사망

제15대 기림이사금(재위 298~310)

298년(기림 1)　　　기림이사금 즉위
　　　　　　　　　　조분의 손자
300년(기림 3)　　　왜와 사신 교환, 적대 관계 청산 움직임
310년(기림 13)　　　기림이 아들 없이 사망

제16대 흘해이사금(재위 310~356)

310년(흘해 1)　　　흘해이사금 즉위
　　　　　　　　　　내해의 손자, 아버지 각간 우로

312년(흘해 3)	왜의 왕이 아들의 혼인을 청함
	아찬 급리의 딸을 보냄
337년(흘해 28)	백제에 사신을 보내 예방
344년(흘해 35)	왜에서 사신을 보내 혼인을 요청
	공주가 이미 시집갔다는 이유로 사절
345년(흘해 36)	왜왕이 서신으로 국교 파기 통보
346년(흘해 37)	왜의 병사가 풍도에 이르러 변방의 민가 노략질
356년(흘해 47)	흘해가 아들 없이 사망

제17대 내물이사금(재위 356~402)

356년(내물 1)	내물이사금 즉위
	성은 김씨, 구도의 손자, 아버지 각간 말구
	이때부터 김씨 왕위 독점 세습
364년(내물 9)	왜의 병사가 대거 공격
	허수아비 수천 개로 병사 위장 토함산 아래 세워둠
	병사 1,000명을 부현에 매복시켜 왜병 격퇴
366년(내물 11)	백제인 예방
368년(내물 13)	백제가 사신을 보내 좋은 말 두 필을 바침
373년(내물 18)	백제의 독산성 성주가 300명을 이끌고 와서 항복
381년(내물 26)	위두를 부(苻)씨 진(秦)나라에 보내 토산물을 바침
392년(내물 37)	고구려에서 사신을 보냄
	이찬 대서지 아들 실성을 고구려 볼모로 보냄
393년(내물 38)	왜인이 금성을 5일간 포위
	기병 200명, 보병 1,000명으로 왜병 격파
400년(내물 45)	고구려 광개토대왕 5만 병력으로 신라 침공한 왜군
	격퇴, 임나가라까지 정복
401년(내물 46)	고구려에 볼모로 갔던 실성 귀환
402년(내물 47)	내물 사망

제18대 실성이사금(재위 402~417)

402년(실성 1)   실성이사금 즉위

알지의 후손, 이찬 대서지의 아들

왜국과 우호를 맺음

내물왕의 아들 미사흔을 왜에 볼모로 보냄

403년(실성 2)   미사품을 서불한으로 삼고 군무와 정사를 맡김

백제가 변경 침입

405년(실성 4)   왜의 병사들이 명활성 공격

왕이 기병으로 독산 길목에서 왜병 300여 명 격퇴

407년(실성 6)   왜인이 동쪽 변경에 침입

왜인이 또 남쪽 변경에 침입 백성 100명을 잡아감

408년(실성 7)   왜인이 대마도에 군영을 설치 신라 침략 준비

왕이 정예 병사를 뽑아 대마도 군영을 정벌코자 함

서불한 미사품이 원정 반대, 왜의 침략에 대비 충언

412년(실성 11)   내물왕의 아들 복호를 고구려에 볼모로 보냄

415년(실성 14)   왜인과 풍도에서 싸워 승리

417년(실성 16)   실성 사망

제19대 눌지마립간(재위 417~458)

417년(눌지 1)   눌지마립간 즉위

내물의 아들

정변 일으켜 실성을 살해하고 왕위에 오름

마립간 칭호 사용

418년(눌지 2)   왕의 동생 복호가 고구려에서 제상과 함께 돌아옴

왕의 동생 미사흔이 제상의 도움으로 왜에서 도망 옴

424년(눌지 8)   고구려에 사신을 보내 예방

431년(눌지 15)   왜의 병사가 명활성 포위했다 물러남

433년(눌지 17)   미사흔이 죽으니, 서불한을 추증

	백제가 사신을 보내 화친 요청하여 수락
434년(눌지 18)	백제왕이 좋은 말 두 필과 흰 매를 보냄
	왕이 황금과 야광주를 예물로 답례
440년(눌지 24)	왜인이 남쪽 변경 침범 가축을 노략질
	왜인이 또 동쪽 변경을 침범
444년(눌지 28)	왜의 병사들 10일간 금성 포위, 군량 떨어져 되돌아감
	왕이 병사를 내어 추격하다 대패, 병사의 반이 전사
450년(눌지 34)	하슬라성 성주 삼직이 실직에서 고구려 장수 살상
	고구려 왕이 군대를 일으켜 서쪽 변경을 침공
	왕이 사과하자 이내 물러감
454년(눌지 38)	고구려가 북쪽 변경 침범
455년(눌지 39)	고구려의 백제 침공에 왕이 병사를 보내 구원
458년(눌지 42)	눌지 사망

제20대 자비마립간(재위 458~479)

458년(자비 1)	자비마립간 즉위
	눌지의 맏아들
459년(자비 2)	왜인이 병선 100여 척 끌고 동쪽 변경 습격
	왜가 월성을 포위했으나 병사의 방어 공격에 패퇴
462년(자비 5)	왜인이 활개성 깨트리고 1,000명 잡아 감
463년(자비 6)	왜인이 삽량성에 침입했으나 패퇴
	왜인의 영토 침범 방어 위해 변경 2곳에 성 쌓음
468년(자비 11)	고구려가 말갈과 함께 북쪽 변경 실직성 습격
	하슬라 사람을 징발하여 니하에 성 쌓음
469년(자비 12)	수도의 방(坊)과 리(里)를 정해 행정구역 정비
470년(자비 13)	삼년산성(충북 보은) 쌓음
471년(자비 14)	모로성 쌓음
473년(자비 16)	명활성 보수
474년(자비 17)	일모성·사시성·광석성·답달성·구례성·좌라성 쌓음

고구려 장수왕이 병사를 거느리고 백제 공격

백제 개로왕이 아들 문주를 보내 구원요청

구원병 당도하기 전 백제 이미 함락, 개로왕 살해당함

475년(자비 18)	왕이 명활성으로 옮겨 거주
476년(자비 19)	왜인들이 동쪽 변경 침입, 덕지 장군이 크게 물리침
477년(자비 20)	왜인이 병사를 일으켜 5방면으로 침입했으나 퇴각
479년(자비 22)	자비 사망

제21대 소지마립간(재위 479~500)

479년(소지 1)	소지마립간 즉위
	자비의 맏아들
480년(소지 2)	말갈이 북쪽 변경 침입
481년(소지 3)	고구려가 말갈과 함께 북쪽 변경 침입
	고구려가 호명 등 7개 성을 빼앗고 미질부까지 진군
	백제·가야의 구원병과 함께 고구려를 크게 물리침
482년(소지 4)	왜인이 변경을 침범
484년(소지 6)	고구려가 북쪽 변경 침범
	백제군과 함께 모산성 아래에서 공격하여 승리
485년(소지 7)	구벌성 쌓음
	백제가 사신을 보내 예방.
486년(소지 8)	삼년산성과 굴산성 2개 성을 고쳐 쌓음
487년(소지 9)	내을(혁거세가 태어난 곳)에 신궁 설치
	우역(공문을 전달하고 마필을 공급하는 곳) 설치
488년(소지 10)	왕이 월성에 옮겨 거주
	도나성 쌓음
489년(소지 11)	고구려가 북쪽 변경 습격하여 과현에 이름
	호산성 함락
490년(소지 12)	비라성을 다시 쌓음
93년(소지 15)	백제 왕 모대(동성왕)가 사신을 보내 혼인을 청함

	왕은 이벌찬 비지의 딸을 보내 결혼 동맹
	임해와 장령에 진을 설치하여 왜적에 대비
494년(소지 16)	장군 실죽 등이 살수의 벌판에서 고구려와 싸워 패배
	백제왕 모대가 병사 3,000명을 보내 구원해줌
495년(소지 17)	고구려가 백제 치양성 포위, 백제 왕이 구원병 청함
	장군 덕지가 병사를 구원하여 고구려군 궤멸
496년(소지 18)	고구려가 우산성 공격
	장군 실죽이 나아가 니하 근처에서 고구려군 격퇴
497년(소지 19)	왜인이 변경을 침범
	고구려가 우산성 공격하여 함락함
500년(소지 22)	왜인이 장봉진을 쳐서 함락함
	소지 사망

제22대 지증마립간(재위 500~514)

500년(지증 1)	지증마립간 64세 즉위
	성은 김씨 ,이름은 지대로, 내물의 증손
	'마립간' 칭호를 쓴 마지막 왕
502년(지증 3)	순장 금지 명령
503년(지증 4)	사라, 사로, 신라로 불리는 나라 이름을 '신라'로 정함
	임금이 칭후를 '신라국왕'으로 정함
504년(지증 5)	상복에 관한 법률 제정 반포 시행
	파리, 미실, 진덕, 골화 등 12개 성 쌓음
505년(지증 6)	왕이 나라 안의 주·군·현을 정함
	실직주를 설치하고 이사부를 군주로 삼음
	군주의 명칭이 이로부터 시작됨.
	얼음 저장 운용과 선박 이용 제도 정비
512년(지증 13)	하슬라주 군주 이찬 이사부가 우산국을 복속시킴
514년(지증 15)	아시촌에 소경 설치
	6부와 남쪽 지방 사람들을 아시촌에 옮겨 살게 함

지증 사망, 시호는 지증, 시호 사용의 처음

제23대 법흥왕(재위 514~540)

514년(법흥왕 1)   법흥왕 즉위

이름은 원종, 지증왕의 맏아들

517년(법흥왕 4)   병부 설치 시초

518년(법흥왕 5)   주산성을 쌓음

521년(법흥왕 8)   양나라에 토산물 바침

522년(법흥왕 9)   가야 왕과 이찬 비조부 여동생 결혼 동맹

524년(법흥왕 11)   남쪽 변방 영토 개척

가야 왕 직접 예방

528년(법흥왕 15)   불교 도입 시초

이차돈의 순교

529년(법흥왕 16)   살생 금지 명령

531년(법흥왕 18)   이찬 철부 상대등으로 삼아 나랏일 총괄 업무 맡김

상대등 관직 시초

532년(법흥 19)   금관국 왕 김구해가 왕비와 세 아들 데리고 항복

김구해 상등 지위, 막내아들 무력에게 각간 벼슬 부여

540년(법흥왕 27)   법흥왕 사망

제24대 진흥왕(재위 540~576)

540년(진흥왕 1)   진흥왕 7세에 즉위

이름은 삼맥종(혹은 심맥부), 법흥왕 동생

왕태후의 섭정

541년(진흥왕 2)   이사부에게 병부령 지위와 병마 통솔권 부여

백제에서 사신을 보내 화친 요청함에 수락

544년(진흥왕 5)   흥륜사 완공, 전륜성왕(轉輪聖王) 상징 사찰

	이때부터 출가 승려 허락
545년(진흥왕 6)	이찬 이사부가 역사 편찬 건의
	대아찬 거칠부가 문사들과 함께 역사 편찬 시작
548년(진흥왕 9)	고구려·예인이 백제 독산성 공격, 백제의 구원 요청
	장군 주령이 구원 병사 3,000명으로 맞서 싸워 승리
549년(진흥왕 10)	양나라 사신 예방
	양나라 유학 갔던 승려 각덕에게 부처 사리 보내옴
550년(진흥왕 11)	백제가 고구려의 도살성 점령
	고구려가 백제 금현성 함락함
	왕명으로 이사부가 도살성과 금현성 2개 성 빼앗음
	2개 성을 증축하고 병사 1,000명을 두어 지키게 함
551년(진흥왕 12)	가야국 궁중 악사 우륵이 가야금을 가지고 귀순
	거칠부와 8장군이 고구려 침공하여 10개 군 빼앗음
552년(진흥왕 13)	계고·법지·만덕 세 사람이 우륵에게 음악을 배움
553년(진흥왕 14)	월성 동쪽 새 궁궐 자리에 황룡사 짓기 시작
	백제의 동북쪽 변두리를 빼앗아 신주 설치
	아찬 무력(김유신의 조부)을 그곳 군주로 삼음
	왕이 백제 성왕의 딸을 소비로 맞이함
554년(진흥왕 15)	명활성을 보수하여 전쟁에 대비
	백제의 성왕이 가량과 함께 관산성 침공
	신주 군주 김무력이 주의 병사를 이끌고 가세
	산년산군이 비장인 고간도도가 백제 성왕을 죽임
	상승세를 타고 좌평 4명, 군사 2만 9,000명 몰살
555년(진흥왕 16)	왕이 북한산 순행하며 영토의 국경을 정함
557년(진흥왕 18)	국원(충북 충주)을 소경(小京)으로 삼음
558년(진흥왕 19)	귀족 자제와 6부의 부유한 백성을 국원에 옮겨 살게 함
	포노(돌을 쏘도록 만든 무기의 일종)를 성 위에 설치
562년(진흥왕 23)	백제가 변방 백성 노략질, 병사를 내어 제압
	가야의 반란에 사다함이 선봉장으로 나서 제압
	이사부가 가야의 항복을 받아냄
564년(진흥왕 25)	북제에 사신을 보내 조공

565년(진흥왕 26)	진나라에서 사신 유사와 승려 명관을 보내 예방 불경 1,700여 권을 보냄
566년(진흥왕 27)	왕자 동륜(銅輪)을 왕태자로 봉함
	진나라에 사신을 보내 토산물을 바침
	황룡사 완공
572년(진흥왕 33)	왕태자 동륜 사망
	북제에 사신을 보내 조공
574년(진흥왕 35)	황룡사의 장륙상(불상)을 주조
576년(진흥왕 37)	처음으로 '원화(미인 2인 주축)' 설치
	'원화'를 폐하고 '화랑(귀족 청년의 무리)' 설치
	진흥왕 사망

제25대 진지왕(재위 576~579)

576년(진지왕 1)	진지왕 즉위
	이름은 사륜(혹은 금륜), 진흥왕의 둘째 아들
	이찬 거칠부를 상대등으로 삼음
577년(진지왕 2)	백제가 서쪽 변방 주·군에 침입했으나 격퇴
	내리서성 쌓음
578년(진지왕 3)	진나라에 사신을 보내 토산물을 바침
579년(진지왕 4)	백제가 2개 성 쌓아 산산성·마지현성·내리서성 길을 막음
	진지왕 사망

제26대 진평왕(재위 579~632)

579년(진평왕 1)	진평왕 즉위
	이름은 백정, 진흥왕의 태자 동륜의 아들
581년(진평왕 3)	위화부 설치를 필두로 행정관부의 분업체제 확립 시작

589년(진평왕 11)	원광법사가 불법을 배우러 진나라에 들어감
591년(진평왕 13)	둘레 2,854보의 남산성 쌓음
593년(진평왕 15)	둘레 3,000보 명활성 개축
	둘레 2,000보 서형산성
	백제가 아막성에 침입했으나 격퇴
603년(진평왕 25)	고구려가 북한산성 침입했으나 왕이 출전하여 격퇴
604년(진평왕 26)	사신으로 대나마 만세와 혜문을 수나라에 보내 조공
605년(진평왕 27)	병사를 일으켜 백제 침공
608년(진평왕 30)	수나라에 병사를 청해 고구려를 칠 계획 세움
	고구려가 북쪽 변방 침범, 8,000명 잡아감
	고구려가 우명산성을 빼앗음
611년(진평왕 33)	수나라에 사신을 보내 병사 요청, 수 양제 수락
	백제가 가잠성 100일간 포위 함락함
613년(진평왕 35)	수나라 사신 왕세의가 황룡사에 와서 백고좌 개최
	원광 등의 법사들이 설법을 강함
616년(진평왕 38)	백제가 모산성 침입
618년(진평왕 40)	북한산주의 군주 변품이 가잠성을 되찾고자 병사를 일으켜 백제군과 싸웠으나 탈환 실패
623년(진평왕 45)	당에 사신을 보내 조공
	백제가 늑노현을 습격
624년(진평왕 45)	백제가 속함·앵잠·기잠·봉잠·기현·혈책 6성 포위
625년(진평왕 47)	당에 사신을 보내 고구려의 빈번한 침공 호소
626년(진평왕 48)	당에 사신을 보내 조공
	당 고조가 주자사를 통해 고구려와 화친 권유
	백제가 주재성을 공격, 성주 동소 전사
	고허성 쌓음
627년(진평왕 49)	백제 장군 사걸이 서쪽 변방 성 2곳 함락함
628년(진평왕 50)	백제가 가잠성을 포위, 왕이 병사를 내어 격퇴
629년(진평왕 51)	대장군 용춘·서현, 부장군 유신이 고구려 낭비성 침공
	유신이 선봉에서 적군 5,000명을 무찌르니 낭비성이 항복함

| 631년(진평왕 53) | 칠숙과 아찬 석품이 반란을 꾀하다 9족이 몰살됨 |
| 632년(진평왕 54) | 진평왕 사망 |

제27대 선덕여왕(재위 632~647)

632년(선덕여왕 1)	선덕여왕 즉위
	이름은 덕만, 진평왕의 맏딸, 신라 최초의 여왕
633년(선덕여왕 2)	당에 사신을 보내 조공
	백제가 서쪽 변경 침입
634년(선덕여왕 3)	분황사 완성
635년(선덕여왕 4)	영묘사 완성
636년(선덕여왕 5)	왕이 병들자, 황룡사에서 백고좌회를 열어 인왕경 강론
	백제 장군 우소가 독산성을 치려고 병사 500명을 매복시켰으나, 알천이 선공격으로 모두 죽임
638년(선덕여왕 7)	고구려가 북쪽 변경 칠중성 침공, 알천이 물리침
640년(선덕여왕 9)	왕가 자제들을 당 국학에 입학시켜 주기를 청함
642년(선덕여왕 11)	백제 의자왕이 서쪽 지방의 40여 성을 공격 빼앗음
	백제가 고구려와 연합하여 당항성을 빼앗으려 함
	당과 통하는 길을 끊으려 함에 당 태종에게 알림
	백제의 장군 윤충이 대야성을 공격하여 함락함
	왕이 춘추를 고구려에 보내 군대를 요청
	고구려 보장왕이 춘추 태도에 불만, 그를 별관에 가둠
	대장군 김유신이 결사대 1만 명으로 춘추 구하러 옴
	이 소식을 들은 보장왕이 춘추를 돌려 보냄
643년(선덕여왕 12)	당에 들어가서 불법을 배우던 고승 자장이 돌아옴
644년(선덕여왕 13)	대장군 유신이 백제를 정벌 7성을 빼앗음
645년(선덕여왕 14)	백제의 대군이 다시 변경을 노략질
	유신이 그들을 격파하고 2,000명의 목을 벰
	황룡사탑 완공, 자장의 요청을 받아들임
	당 태종이 고구려 정벌, 왕이 병사 3만 명을 지원함

	백제가 빈틈을 타 나라 서쪽의 7성을 기습하여 빼앗음
	이찬 비담을 상대등으로 삼음
647년(선덕여왕 16)	비담과 염종 등이 반역을 꾀했으나 실패
	선덕여왕 사망

제28대 진덕여왕(재위 647~654)

647년(진덕여왕 1)	진덕여왕 즉위
	이름은 승만, 진평왕의 친동생 국반 갈문왕의 딸
	비담과 연루되어 30명이 죽음
	이찬 알천을 상대등, 대아찬 수승을 우두주 군주로 삼음
	백제 병사가 무산 · 감물 · 동잠의 3성을 포위
	유신·비녕자·거진, 1만 명 병사로 적군 3,000명 처단
648년(진덕여왕 2)	백제의 장군 의직이 서쪽 요거성 등 10여 성 함락함
	유신이 병사를 세 길로 나누어 협공하자 백제군 패퇴
	이찬 김춘추와 그의 아들 문왕을 보내 당에 조공
	춘추가 백제 정벌할 뜻 알리며 파병 요청
	당 태종이 매우 옳게 여겨 파병을 허락
	춘추가 관리들의 복식을 중국 제도에 따를 것을 청함
	아들 문왕, 당에 머물러 태종 숙위할 것을 요청
	춘추가 귀국 중 고구려 순라병에게 살해위협 받음
649년(진덕여왕 3)	처음으로 중국의 의관을 착용
	백제의 장군 은상이 석토 등 7성을 함락함
	대장군 유신, 적의 첩자를 속여 공격 8,980명을 처단
651년(진덕여왕 5)	파진찬 김인문을 당에 보내 조공, 머물러 숙위케 함
653년(진덕여왕 7)	당에 사신을 보내 금총포를 바침.
654년(진덕여왕 8)	진덕여왕 사망, 성골 출신 마지막 왕

제29대 태종무열왕(재위 654~661)

654년(태종무열왕 1) 태종무열왕 즉위
이름은 춘추, 최초의 진골 출신 왕
양수 등에게 명하여 이방부의 율령 60여 조를 정비함

655년(태종무열왕 2) 고구려가 백제·말갈과 연합하여 북쪽 변경 33성을
빼앗음, 왕이 당에 사신을 보내 구원 요청
당이 정명진과 소정방을 보내 고구려를 치도록 함
맏아들 법민을 태자로 책봉

656년(태종무열왕 3) 아들 인문이 당에서 돌아와 군주를 맡아 장산성 쌓음
아들 좌무위장군 문왕을 당에 보내 조공

659년(태종무열왕 6) 백제가 자주 변경을 침범
왕이 당에 사신을 보내 병사를 요청

660년(태종무열왕 7) 이찬 김유신을 상대등으로 삼음
당 고종이 소정방, 김인문, 유백영 등을 선봉장으로
발탁, 수군·육군 13만 명으로 백제를 정벌토록 함
태자 법민이 덕물도에서 소정방을 맞이함
황산벌 싸움에서 유신의 병사가 4번 싸워 4번 질 때,
적진에 뛰어든 반굴이 장렬히 싸우다 전사함
화랑 관창이 백제의 계백 장군에게 목이 잘려 전사
분기탱천한 신라군이 백제군을 크게 무찌름
소정방은 김인문 등과 함께 기벌포에서 싸워 승리
백제 왕자가 당 장군에게 군대를 물려 달라 애걸
의자왕이 웅진성으로 도망
의자왕의 아들 융이 대좌평 천복 등과 함께 항복
의자왕이 태자와 웅진성에서 나와 항복
나라를 배반했던 모척과 검일을 붙잡아 목을 벰
백제의 남은 무리가 당과 신라 사람들을 노략질
임존(충남 예산)의 큰 목책을 공격했으나 패배
유인원이 병사 1만 명과 사비성에 남아 진을 침
소정방은 백제의 왕·왕족과 신료 93명, 백성 1만

2,000명과 함께 사비에서 배를 타고 당으로 돌아감

왕이 태자와 함께 군대를 이끌고 이례성 공격

고구려가 칠중성을 침공, 군주 필부 전사

왕이 왕흥사잠성을 공격 7일 만에 700명의 목을 벰.

661년(태종무열왕 8)　백제의 잔당들이 사비성을 공격, 신라 장수가 격퇴

태종무열왕 사망

제30대 문무왕(재위 661~681)

661년(문무왕 1)　문무왕 즉위

이름은 법민, 태종왕의 맏아들

소정방이 35도의 수군·육군으로 고구려를 칠 계획

김유신을 대장군으로 삼고, 많은 장수들이 발탁됨

백제의 잔당들이 옹산성을 점령하고 길을 막음

진군하여 옹산성을 포위, 마침내 백제 잔당들 항복

웅현성 쌓음

상주 총관 품일이 2명의 태수와 우술성을 쳐서 이김

백제의 달솔 조복과 은솔 파가가 무리들과 항복

유덕민이 평양으로 군량 보내라는 황제 칙명 전함

662년(문무왕 2)　왕이 유신에게 9명의 장군과 더불어 수레 2,000여 대

쌀 4,000섬과 조 2만 2,000여 섬을 싣고 평양에 가

도록 명함

도중에 이현에서 적군과 마주쳐 싸워 물리침

눈보라가 치고 몹시 추워 사람·말이 많이 얼어 죽음

아찬 양도·대감 인선이 당 군영에 군량을 전달

소정방은 군량을 얻자 곧장 당으로 돌아가버림

유신 등도 귀환 중 고구려 병사와 싸워 1만 명 무찌름

탐라국주인 좌평 도동음률이 항복

백제의 잔당들이 내사지성에 모여 악행을 저지름

흠순 등 19명의 장군이 이들을 토벌하여 격파

663년(문무왕 3)	부산성 쌓음
	흠순과 천존이 백제의 거열성을 쳐서 빼앗음
	거물성과 사평성을 쳐서 항복시킴
	덕안성을 쳐서 1,070명의 목을 벰
	장수 복신과 승려 도침이 옛 왕자 부여풍을 왕으로 세움
	주둔 중인 낭장 유인원을 복신 등이 웅진성에서 포위
	복신 등이 유인원의 포위를 풀고 물러가 임존성을 지킴
	복신이 도침을 죽이고 무리를 불러들여 세력을 키움
	손인사가 당에서 병사 40만을 거느리고 출병
	손인사가 덕물도에 이르렀다가 웅진부성으로 진군.
	김유신 등 28명의 장수가 그와 합세하여 백제의 잔여
	세력을 모조리 항복시킴
	백제 왕 부여풍은 달아나고, 왕자 충승·충지는 항복
664년(문무왕 4)	김유신이 벼슬에서 물러날 것을 청하였으나 만류
	각간 김인문·이찬 천존이 당 칙사 유인원, 백제 부여
	융과 함께 웅진에서 평화를 지키기로 맹약
	백제 잔당들이 사비산성에서 반란 일으켰으나 제압
	나·당 연합군이 고구려의 돌사성을 쳐서 멸함
665년(문무왕 5)	이찬 문왕이 죽으니 왕자의 예법으로 장사
	소정방이 백제를 평정하고 당으로 돌아가자, 백제의
	잔당들이 또 다시 반란을 일으킴
	신라와 백제가 혼인 동맹을 맺고 싸우지 않기로 함
666년(문무왕6)	한림과 유신의 아들 삼광은 당에 들어가 숙위함
	고구려를 멸망시키고자 당에 병사를 요청
	고구려의 대신 연정토가 12성 763호 3,543명을 이
	끌고 투항
667년(문무왕 7)	왕이 대각간 김유신 등 30명의 장군을 거느리고 수도
	출발, 영공이 기병 80여 명을 이끌고 한성에 이름
	주둔 중인 당의 유인원이 고구려 정벌 구원 칙명 받음
668년(문무왕 8)	웅진부성의 유인원이 고구려의 대곡성과 한성 등 2개
	군 12개 성이 항복해왔음을 보고함

	아마가 와서 항복
	왕이 수도를 출발하여 당 군영으로 출발
	왕은 풍병을 앓고 있는 유신을 수도에 남아 있게 함
	수도 군영으로 가는 도중 문영 등이 사천 들판에서 고구려 군사와 마주쳐 싸워서 크게 이김.
	당 군대와 연합하여 평양을 포위
	왕이 고구려인 포로 7,000명을 수도에 데려옴
669년(문무왕 9)	천정, 비열홀, 각련 3군의 굶주린 백성들을 구제
	백제와 고구려를 평정한 소회가 담긴 교서를 내림
670년(문무왕 10)	당 고종이 흠순은 귀국을 허락, 양도는 감옥에 가둠
	양도는 끝내 감옥에서 죽음
	사찬 설오유가 고구려 태대형 고연무와 함께 각각 정예병 1만을 거느리고 압록강에 다다름
	말갈의 병사들과 개돈양에서 싸워 크게 승리
	고구려 수임성 사람인 대형 모잠이 궁모성에서 패강에 이르기까지 당 관리와 승려 법안 등을 죽임
	고구려 대신 연정토 아들 안승을 한성의 왕으로 삼음
	왕은 안승 등을 서쪽 지방인 금마저에 살게 함
	백제의 잔당들이 배반할 것을 염려하여
	화친 요구에 응하지 않고 백제의 모든 성을 빼앗음
	왜국이 이름을 고쳐 '일본'이라 함
671년(문무왕 11)	백제를 침공하여 웅진 남쪽에서 싸우다 부과가 전사함
	말갈이 쳐들어와 설구성 포위, 퇴각직전 패전
	당 병사와 석성에서 싸워 5,300명의 목을 벰
	백제 장군 2명과 당의 무관 6명을 사로잡음
	당 총관 설인귀가 임윤법사를 시켜 글을 보내옴
	백제, 고구려와의 전쟁을 도왔음에도 은혜를 모른다는 내용임
	문무왕이 답으로 선왕이 돌아가시어 힘든 와중에도 얼마나 충실히 당에게 협조했는지를 간곡히 씀
	당 장군 고간이 병사 4만 명을 거느리고 평양에 이름

	도랑을 깊이 파고 보루를 높이 쌓아 대방에 침입
	당 운반선 70여 척을 공격 낭장 겸이대후의 병사와
	싸워 이김
672년(문무왕 12)	왕이 장수를 보내 백제 고성성을 공격하여 승리
	백제의 가림성을 쳤으나 패배
	당 장수 고간과 이근행이 평양에
	여덟 개의 진영을 설치하고 주둔
	당 병사가 한시성과 마읍성을 공격하여 이김
673년(문무왕 13)	유신 사망.
	아찬 대토의 모반이 탄로나 사형
	병선 100척으로 서해 수호
	당·말갈·거란의 병사와 9번 싸워 우리 병사가 승리
	당 병사가 고구려의 우잠성을 공격하여 항복시킴
	거란과 말갈의 병사는 대양성·동자성을 공격하여 멸함
	처음으로 외사정을 설치하여 파수병을 둠
674년(문무왕 14)	왕이 당에 반란을 일으킨 고구려의 무리를 받아들임,
	백제의 옛 땅을 차지하고서 병사를 두어 지키게 함
675년(문무왕 15)	당의 유인궤가 칠중성에서 아군 병사를 쳐부숨
	당의 설인귀가 풍훈을 길잡이로 삼아 천성에 들어옴
	장군 문훈이 맞서 싸워 1,400명의 목을 벰
	병선 40척과 전마 1,000필 획득
	매초성에 주둔한 이근행의 군사 20만도 쫓아버림
	말갈이 또 적목성을 포위하여 멸함
	현령 탈기가 막아 싸우다가 모두 죽음
	아군 병사가 당 병사와 18번의 크고 작은 싸움에서
	6,407명의 목을 베고 전마 200필을 얻음
676년(문무왕 16)	고승 의상이 왕명으로 부석사 창건
	당 병사가 도림성을 공격하여 함락
	사찬 시득이 설인귀와 소부리주 기벌포싸움에서 패함
	다시 진군하여 크고 작은 22회의 싸움에서 승리
679년(문무왕 19)	사신을 보내 탐라국 점령하여 다스림

사천왕사를 완공
남산성을 증축

680년(문무왕 20)	가야군에 금관소경 설치
681년(문무왕 21)	사찬 무선이 정예 병사 3,000명을 이끌고 비열홀 지킴
	우사록관을 설치
	문무왕 사망

제31대 신문왕(재위 681~692)

681년(신문왕 1)	신문왕 즉위
	이름은 정명, 문무왕의 태자
	김흠돌, 파진찬 흥원, 대아찬 진공 등이 반란, 사형
682년(신문왕 2)	국학을 세우고 경 1인, 공장부감 1인, 채전감 1인을 둠
683년(신문왕 3)	보덕왕 안승을 소판으로 삼고, 수도에 머물게 함
684년(신문왕 4)	안승의 조카뻘 장군 대문 금마저에서 반역을 꾀하다
	사형당함, 반란군 잔당 토벌 중 당주 핍실 전사
686년(신문왕 6)	석산, 마산, 고산, 사평 네 현 설치
687년(신문왕 7)	음성서의 장관을 고쳐 경이라 함
	사벌주와 삽량주 2개 주에 성 쌓음
689년(신문왕 9)	서원경(충북 청주)에 성 쌓음
	왕이 달구벌(대구)로 두읍 천도 실행 좌절
690년(신문왕 10)	전야산군을 설치
691년(신문왕 11)	왕자 이홍을 태자로 책봉
692년(신문왕 12)	신문왕 사망

제32대 효소왕(재위 692~702)

692년(효소왕 1)	효소왕 즉위
	이름은 이홍, 신문왕의 태자.

694년(효소왕 3)	태종무열왕 둘째 아들 김인문 당에서 사망(66세)
	송악과 우잠 2성을 쌓음
695년(효소왕 4)	서시와 남시 2개 시장 설치
698년(효소왕 7)	왕이 숭례전에서 일본국 사신 접견
699년(효소왕 8)	당에 사신을 보내 조회하고 토산물 바침
700년(효소왕 9)	이찬 경영이 반역을 꾀하다 사형
702년(효소왕 11)	효소왕 아들 없이 사망

제33대 성덕왕(재위 702~737)

702년(성덕왕 1)	성덕왕 즉위
	이름은 흥광, 효소왕의 친동생
703년(성덕왕 2)	일본국 사신 일행 모두 204명 예방
	아찬 김사양을 보내 당에 조회
704년(성덕왕 3)	당에 갔던 김사양이 돌아와 『최승왕경』을 바침
705년(성덕왕 4)	살생을 금지 명령
711년(성덕왕 10)	왕이 「백관잠」을 지어 신하들에게 경계토록 함
713년(성덕왕 12)	전사서를 설치
	개성 쌓음
715년(성덕왕 14)	왕자 중경 태자 책봉
717년(성덕왕 16)	태자 중경 사망, 시호는 효상
718년(성덕왕 17)	한산주 도독 관내에 여러 성 쌓음
719년(성덕왕 18)	금마군 미륵사에 벼락
721년(성덕왕 20)	하슬라에 장정 2,000명 징발 북쪽 국경에 장성 쌓음
722년(성덕왕 21)	처음으로 백성들에게 정전을 줌
	모벌군에 성을 쌓아 일본의 노략질 통로 폐쇄
724년(성덕왕 23)	왕자 승경 태자 책봉
728년(성덕왕 27)	왕의 아우 김사종 당에 보내 자제들의 국학 입학 요청
	김사종 당에 머물러 숙위
730년(성덕왕 29)	왕족 지만을 보내 당에 조회하고 조공

	지만 당에 머물러 숙위
733년(성덕왕 32)	발해와 말갈이 바다를 건너 등주를 침범
	김사란이 말갈의 남쪽 변방을 쳤으나 패배
735년(성덕왕 34)	당 황제가 신라에 패강(대동강) 이남의 땅을 줌
737년(성덕왕 36)	성덕왕 사망

제34대 효성왕(재위 737~742)

737년(효성왕 1)	효성왕 즉위
	이름은 승경, 성덕왕의 둘째 아들
739년(효성왕 3)	왕의 동생 헌영 파진찬으로 삼음
	파진찬 헌영을 태자로 책봉
740년(효성왕 4)	파진찬 영종이 반역 도모하다 처형
742년(효성왕 6)	효성왕 사망

제35대 경덕왕(재위 742~765)

742년(경덕왕 1)	경덕왕 즉위
	이름은 헌영, 효성왕의 친동생
	일본국 사신이 왔으나 접견 거절
745년(경덕왕 4)	사정부와 소년감전과 예궁전 설치.
746년(경덕왕 5)	승려 150여 명에게 도첩 부여
747년(경덕왕 6)	국학에 제업박사와 조교 설치
748년(경덕왕 7)	처음으로 정찰 1명을 두어 백관을 규찰하여 바로 잡음
	아찬 정절 등 파견 북쪽 변경 시찰토록 함
	처음으로 대곡성 등 14개 군·현 설치
753년(경덕왕 12)	일본국 사신이 무례해 왕이 접견 거부
756년(경덕왕 15)	상대등 김사인이 정치의 옳고 그름 극렬히 비판
757년(경덕왕 16)	중앙·지방 관리들의 월급제 폐지하고 녹읍을 줌

	지방 9개주와 군·현의 명칭 중국식으로 전면 개편
759년(경덕왕 18)	중앙관부의 관직명을 모두 중국식으로 개편.
760년(경덕왕 19)	왕자 건운을 왕태자로 봉함
762년(경덕왕 21)	오곡·휴암·한성·장새·지성·덕곡 6성 쌓음
765년(경덕왕 24)	경덕왕 사망

제36대 혜공왕(재위 765~780)

765년(혜공왕 1)	혜공왕 8세에 즉위
	이름은 건운, 경덕왕의 맏아들, 태후의 섭정
	왕이 태학에 행차 박사에게 『상서』 강의 요청
768년(혜공왕 4)	일길찬 대공이 그의 동생인 아찬 대렴과 함께 반란
	33일간 왕궁을 포위, 이들을 토벌 평정하고 9족을 멸함
770년(혜공왕 6)	대아찬 김융이 반역하여 사형당함
775년(혜공왕 11)	이찬 김은거가 반역하여 사형당함
	이찬 염상이 시중 정문과 함께 반역 꾀하다 사형당함
776년(혜공왕 12)	백관들의 관직 이름을 모두 이전대로 복구
	왕이 국학에 가서 강의 경청
780년(혜공왕 16)	왕이 여색에 빠져 절제하지 못함
	이찬 김지정이 반란을 일으켜 궁궐 포위
	상대등 김양상이 이찬 경신과 함께 지정 등을 처단
	왕과 왕비가 난리 중에 살해당함

제37대 선덕왕(재위 780~785)

780년(선덕왕 1)	선덕왕 즉위
	이름은 양상, 내물왕의 10대손, 아버지는 해찬 효방
	이찬 경신을 상대등, 아찬 의공을 시중으로 삼음
782년(선덕왕 3)	한산주를 순행하고 백성들을 패강진으로 옮김

	시림의 들판에서 군대를 크게 사열
784년(선덕왕 5)	왕이 병이 깊어지자 불교 법식대로 화장할 것을 유언
	선덕왕 아들 없이 사망

제38대 원성왕(재위 785~798)

785년(원성왕 1)	원성왕 즉위
	이름은 경신, 내물왕의 12대손
786년(원성왕 2)	수도에 기근 곡식 3만 3,240섬을 내어 구제
	겨울에도 곡식 3만 3,000섬을 내어 구제
	대사 무오가 『병법』 15권과 『화령도』 2권을 바침
788년(원성왕 4)	처음으로 독서삼품을 제정하여 관직을 줌
790년(원성왕 6)	벽골제 증축 전주 등 7주에서 사람을 징발하여 공사
	일길찬 백어를 북국(발해국) 사신으로 보냄
791년(원성왕 7)	왕태자 사망, 시호는 혜충
	이찬 제공이 반역하여 사형당함
792년(원성왕 8)	왕자 의영을 태자에 책봉
794년(원성왕 10)	태자 의영 사망, 시호는 헌평
	봉은사 창건
795년(원성왕 11)	혜충태자의 아들 준옹을 태자로 책봉
	원성왕 사망

제39대 소성왕(재위 799~800)

799년(소성왕 1)	소성왕 즉위
800년(소성왕 2)	왕자를 태자로 책봉
	소성왕 사망

제40대 애장왕(재위 800~809)

800년(애장왕 1)	애장왕 13세에 즉위
	아찬 병부령 언승이 섭정
801년(애장왕 2)	탐라국에서 사신을 보내 와 조공
802년(애장왕 3)	가야산에 해인사 창건
803년(애장왕 4)	일본국과 사신을 교환하고 우호관계 맺음
804년(애장왕 5)	일본국이 사신을 보내와 황금 300냥 진상
805년(애장왕 6)	법조 20여 조 반포
806년(애장왕 7)	왕이 일본국 사신을 조원전에서 접견
	새로운 절 창건 금하고, 오직 수리만 허락
	불교행사에 고급 비단 사용 금지
	금·은으로 된 그릇 사용 금지
808년(애장왕 9)	일본국 사신이 오자 왕이 후하게 대함
	왕이 12도에 특사를 보내 모든 군·읍의 경계 획정
809년(애장왕 10)	왕의 숙부 언승이 동생 이찬 제옹과 함께 반란
	왕이 시해당함, 왕의 동생 체명도 살해당함

제41대 헌덕왕(재위 809~826)

809년(헌덕왕 1)	헌덕왕 즉위
	이름은 언승, 소성왕의 친동생
811년(헌덕왕 3)	왕이 처음으로 평의전에서 정사를 봄
812년(헌덕왕 4)	급찬 숭정을 북국(발해국)에 사신으로 보냄
813년(헌덕왕 5)	이찬 헌창을 무진주 도독으로 삼음
814년(헌덕왕 6)	무진주 도독 헌창을 중앙으로 불러 시중으로 삼음
816년(헌덕왕 8)	흉년에 굶주린 170명의 백성들이 절동 지방에서 구걸
817년(헌덕왕 9)	굶어 죽는 사람이 많아지자, 곡식 창고를 열어 구제
	왕자 김장렴을 당에 보내 조공
819년(헌덕왕 11)	도둑떼들이 여기저기서 봉기

821년(헌덕왕 13)	굶주린 백성들이 자식을 팔아서까지 생존
822년(헌덕왕 14)	왕의 친동생 수종을 부군으로 삼아 월지궁에 살게 함
	아버지 주원이 왕이 되지 못했다는 이유로 그 아들 헌
	창 반역, 헌창이 반역에 실패하자 스스로 목숨을 끊음
823년(헌덕왕 15)	수성군(경기 수원)과 당은현(경기 화성)을 합침
825년(헌덕왕 17)	헌창의 아들 범문이 모반을 일으켰으나 실패
	왕자 김흔을 당에 보내 조공
826년(헌덕왕 18)	우잠태수 백영이 패강에 장성 3백 리 쌓음
	헌덕왕 사망

제42대 흥덕왕(재위 826~836)

826년(흥덕왕 1)	흥덕왕 즉위
	이름은 수종(후에 경휘로 바뀜), 헌덕왕의 친동생
	고구려의 승려 구덕이 당에서 불경을 들여 옴
828년(흥덕왕 3)	청해대사 궁복(장보고)이 군사 1만으로 청해진을 지킴
830년(흥덕왕 5)	왕이 병이 들자, 기도하고 승려 150명에게 도첩 부여
836년(흥덕왕 11)	왕자 김의종을 당에 파견하여 조공하고, 머물러 숙위함
	흥덕왕 사망

제43대 희강왕(재위 836~838)

836년(희강왕 1)	희강왕 즉위
	이름은 제융, 원성대왕의 손자 이찬 헌정의 아들
	제융과의 왕위 다툼에서 우징의 아버지 균정이 살해됨
837년(희강왕 2)	왕을 세운 시중 김명을 상대등, 아찬 이홍을 시중으로
	삼음
	우징이 청해진 대사 장보고에게 목숨을 의지함
	아찬 예징·아찬 양순이 함께 도망해 우징에게 합류

838년(희강왕 3)   상대등 김명과 시중 이홍 등이 병사를 일으켜 반란
                  왕의 측근들이 죽임당하자 희강왕도 목을 매어 자결

제44대 민애왕(재위 838~839)

838년(민애왕 1)   민애왕 즉위
                  이름은 명, 원성대왕의 증손, 대아찬 충공의 아들
                  김양이 병사들을 모집 청해진으로 가 우징을 알현
                  아찬 우징 아버지의 원수 갚고자 궁복에게 도움 요청
839년(민애왕 2)   김양이 정년의 병사인 대군 이끌고 왕의 군사 격파
                  민애왕이 도망쳤으나 살해당함

제45대 신무왕(재위 839~839)

839년(신무왕 1)   신무왕 즉위
                  이름은 우징, 원성대왕의 손자인 상대등 균정의 아들
                  아찬 이홍도 도망쳤으나 잡혀 죽음
                  신무왕이 병으로 사망

제46대 문성왕(재위 839~857)

839년(문성왕 1)   문성왕이 즉위
                  이름은 경응, 신무왕의 태자
                  궁복을 진해장군으로 삼고 아울러 관복을 하사
840년(문성왕 2)   예징을 상대등, 의종을 시중, 양순을 이찬으로 삼음
                  당 문종, 볼모로 간 사람과 학생 105명을 돌려보냄
841년(문성왕 3)   일길찬 홍필이 반역을 꾀하다 발각되어 섬으로 도망
844년(문성왕 6)   혈구진을 설치하고, 아찬 계홍을 진두로 삼음

845년(문성왕 7)	왕이 궁복의 딸을 왕비로 원했으나 신하들 반대로 무산
846년(문성왕 8)	궁복이 왕을 원망하여 청해진에 근거지를 두고 반란
	염장이 나라를 배반한 것처럼 위장하고 청해진 투항
	염장이 술에 취한 궁복을 칼로 목을 베어 죽임
847년(문성왕 9)	이찬 양순과 파진찬 흥종 등이 반역을 일으켜 처형
	왕자를 왕태자로 책봉
849년(문성왕 11)	이찬 김식과 대흔 등이 반역, 처형당함
851년(문성왕 13)	청해진을 폐하고, 그곳 사람들을 벽골군으로 옮김
	아찬 원홍이 불경과 부처의 치아사리를 당에서 가져옴
852년(문성왕 14)	왕태자 사망
857년(문성왕 19)	서불한 의정이 왕위를 이어가도록 왕이 유언
	문성왕 사망

제47대 헌안왕(재위 857~861)

857년(헌안왕 1)	헌안왕 이름은 의정, 신무왕의 이복동생
859년(헌안왕 3)	제방을 수리하고 농사에 힘쓰도록 권함
860년(헌안왕 4)	왕이 응렴에게 맏딸을 시집보냄
861년(헌안왕 5)	왕이 병으로 위독하자, 응렴이 왕위를 잇도록 유언
	헌안왕 사망

제48대 경문왕(재위 861~875)

861년(경문왕 1)	경문왕 즉위 이름은 응렴
	희강왕의 아들인 아찬 계명의 아들
863년(경문왕 3)	왕이 국학에 행차해 박사 이하에게 경서 강론 경청
864년(경문왕 4)	일본국에서 사신이 예방
866년(경문왕 6)	왕자 정을 왕태자로 책봉
	이찬 윤흥이 동생 숙흥·계흥과 함께 반역, 3족 몰살

868년(경문왕 8)	이찬 김예와 김현 등이 반란 꾀하다 사형당함
	황룡사 탑에 벼락
869년(경문왕 9)	왕자 소판 김윤 등을 당에 보내 조공
870년(경문왕 10)	사찬 김인을 당에 보내 숙위하게 함
871년(경문왕 11)	왕이 황룡사 탑을 다시 고치게 함
873년(경문왕 13)	황룡사 9층탑 완성
874년(경문왕 14)	이찬 근종이 모반하여 궁궐 침범, 군사를 내어 격파
	최치원이 당에서 과거 급제
875년(경문왕 15)	경문왕 사망

제49대 헌강왕(재위 875~886)

875년(헌강왕 1)	헌강왕 즉위
	이름은 정, 경문왕의 태자
876년(헌강왕 2)	황룡사에서 백고좌를 열어 불경을 강론
	왕이 직접 행차하여 경청
	당에 사신을 보내 토산물을 바침
878년(헌강왕 4)	당에서 황소의 난 발생, 조공 연기
	왕이 일본국 사신을 조원전에서 접견
879년(헌강왕 5)	왕이 국학에 행차하여 박사 이하에게 강론 명함
	일길찬 신홍이 반역을 일으켜 사형당함
882년(헌강왕 8)	일본국 왕이 황금 300냥과 명주 10개를 보냄
885년(헌강왕 11)	최치원이 귀국
	당에 사신을 보내 황소의 난 평정 축하
886년(헌강왕 12)	왕의 쾌차 기원, 황룡사에서 백고좌 열어 불경 강론
	헌강왕 사망

제50대 정강왕(재위 886~887)

886년(정강왕 1)   정강왕 즉위
이름은 황, 경문왕의 둘째 아들
887년(정강왕 2)   황룡사에서 백고좌를 열고 왕이 직접 행차하여 경청
한주의 이찬 김요가 반역해 병사를 일으켜 그를 죽임
정강왕 사망

제51대 진성여왕(재위 887~897)

887년(진성여왕 1)   진성여왕 즉위
이름은 만, 헌강왕의 여동생
황룡사에서 백고좌를 열고 왕이 직접 행차하여 경청
888년(진성여왕 2)   각간 위홍·대구화상이 향가집『삼대목(三代目)』지음
정치를 비방하는 글로 관청 거리에 방이 붙음
889년(진성여왕 3)   공물과 세금이 안 걷혀 창고가 비고 국가재정이 궁핍
원종, 애노 등이 사벌주에 웅거하여 반란
891년(진성여왕 5)   예가 기병으로 명주 관내 주천 등 10여 군·현 습격
892년(진성여왕 6)   완산의 도적 견훤이 주에 자리 잡고 후백제라 일컬음
무주 동남쪽 군·현이 견훤에게 투항
894년(진성여왕 8)   최치원이 시국에 관한 의견 십여 조목을 작성
최치원을 아찬으로 삼음
궁예가 북원으로부터 하슬라에 들어옴
스스로 장군이라 일컬어 무리가 6백여 명에 달함
895년(진성여왕 9)   궁예가 저족·성천 두 군을 빼앗음
한주 관내의 부악·철원 등 10여 군·현을 격파
헌강왕의 서자 요를 태자로 삼음
896년(진성여왕 10)   붉은 바지를 입은 도적들이 나라의 서남쪽에서 봉기
897년(진성여왕 11)   왕위를 태자 요에게 물려줌
진성여왕 사망

제52대 효공왕(재위 897~912)

897년(효공왕 1)   효공왕 즉위
　　　　　　　　　　　이름은 요, 헌강왕의 서자
898년(효공왕 2)   궁예가 패서도와 한산주 관내의 30여 성을 빼앗음
　　　　　　　　　　　송악군(경기 개성)에 도읍을 정함
899년(효공왕 3)   북원의 도적 두목 양길이 10여 성주와 함께
　　　　　　　　　　　궁예를 치기로 했으나 오히려 공격당하고 패주
900년(효공왕 4)   국원·청주·괴양의 도적 두목 청길과 신훤 등이
　　　　　　　　　　　궁예에게 성을 바치고 투항
901년(효공왕 5)   궁예가 왕이라 일컬음
　　　　　　　　　　　후백제왕 견훤이 대야성을 공격하였으나 함락 실패
　　　　　　　　　　　금성(전남 나주) 남쪽 인근 부락을 약탈해 감
903년(효공왕 7)   궁예가 도읍을 옮기려 철원과 부양의 산수를 둘러봄
904년(효공왕 8)   궁예가 백관을 설치하여 신라의 제도를 따름
　　　　　　　　　　　패서도의 10여 주·현이 궁예에게 투항
905년(효공왕 9)   궁예가 철원으로 도읍을 옮김
　　　　　　　　　　　궁예가 변방 고을을 침탈하고, 죽령 동북 지역까지 이름
906년(효공왕 10)   당에서 과거 급제한 김문울이 책명사가 되어 돌아옴
907년(효공왕 11)   일선군 이남 10여 성을 견훤에게 모두 빼앗김
909년(효공왕 13)   궁예가 진도군과 고이도성을 격파함
910년(효공왕 14)   견훤이 나주성을 10일이 지나도록 포위함
　　　　　　　　　　　궁예가 수군으로 습격하니, 견훤이 퇴각
911년(효공왕 15)   효공왕이 첩에게 빠져 정사를 돌보지 않음
　　　　　　　　　　　은영이 그 첩을 잡아 죽임
　　　　　　　　　　　궁예가 국호를 태봉으로 고치고, 연호를 수덕만세라 함
912년(효공왕 16)   효공왕이 아들 없이 사망

제53대 신덕왕(재위 912~917)

912년(신덕왕 1)	신덕왕 즉위
	성은 박씨, 이름은 경휘,
	아달라왕의 먼 후손, 아버지는 예겸
	아들 승영을 왕태자로 책봉
916년(신덕왕 5)	견훤이 대야성을 공격하였으나 실패
917년(신덕왕 6)	신덕왕 사망

제54대 경명왕(재위 917~924)

917년(경명왕 1)	경명왕 즉위
	성은 박씨, 이름은 승영, 신덕왕의 태자
918년(경명왕 2)	일길찬 현승이 반역하여 처형당함
	궁예 부하들 마음이 변해 태조(왕건)를 추대함
	궁예가 도망가다가 부하에게 피살됨
	고려 태조가 왕위에 올라 원년이라 일컬음.
	상주의 도적 두목 아자개가 고려 태조에게 항복
919년(경명왕 3)	고려 태조가 송악군으로 도읍을 옮김.
920년(경명왕 4)	왕이 고려 태조와 사신을 교환하고 우호를 맺음
	강주장군 유웅이 태조에게 항복
	후백제 군주 견훤이 대야성을 공격하여 함락함
921년(경명왕 5)	말갈의 일부인 달고의 무리가 북쪽 변경을 침략
	태조의 장수 견권이 삭주를 지키다가 이들을 격퇴
922년(경명왕 6)	하지성 장군 원봉과 명주 장군 순식이 고려에 항복
	진보성 장군 홍술이 태조에게 항복
923년(경명왕 7)	명지성 장군 성달과 경산부 장군 양문이 고려에 항복
	경명왕 사망, 고려 태조가 사신을 보내 조문

제55대 경애왕(재위 924~927)

924년(경애왕 1)	경애왕 즉위
	성은 박씨, 이름은 위응, 경명왕의 친동생
	고려 태조에게 사신을 보내 예방
925년(경애왕 2)	고울부장군 능문이 고려에 투항했으나 돌려보냄
	후백제 군주 견훤이 조카 진호를 고려에 볼모로 보냄
926년(경애왕 3)	진호가 갑자기 죽자 견훤은 웅진까지 진군
927년(경애왕 4)	고려 태조가 백제를 정벌하자 왕이 구원병을 보냄
	병부시랑 장분 등을 후당에 보내 조공
	고려 태조가 친히 근암성 격파
	지강주사 왕봉규가 임언을 사신으로 후당에 보내 조공
	강주 소관의 돌산 등 네 고을이 고려 태조에게 귀순
	견훤이 고울부에서 공격, 왕이 태조에게 구원 요청
	태조가 병사 1만을 내어 보냄
	견훤이 아직 구원병이 도착하지 않은 겨울에 수도 습격
	견훤이 병사들을 풀어 공사의 재물을 약탈
	견훤이 왕을 핍박하여 자살하게 함
	왕비를 욕보이고, 부하들에게 비와 첩들을 욕보이게 함
	왕의 친척 동생에게 임시로 나라 일을 맡게 함

제56대 경순왕(재위 927~935)

927년(경순왕 1)	경순왕 즉위
	성은 김씨, 이름은 부, 문성대왕의 후손
	견훤의 추대로 왕위에 오름
	견훤이 대목군에 침입 밭과 들판을 모두 불태움
928년(경순왕 2)	강주 장군 유문이 견훤에게 항복
	견훤이 장군 관흔에게 명하여 양산에 성을 쌓게 함
	태조가 명지성의 장군 왕충에게 명해, 이를 격파

	견훤이 무곡성을 공격하여 함락함
929년(경순왕 3)	천축국의 삼장 마후라가 고려에 옴
	견훤이 의성부성 공격
	견훤이 가은현(경북 문경)을 포위했으나 패배
930년(경순왕 4)	재암성 장군 선필이 고려에 항복
	태조가 고창군 병산에서 견훤과 싸워 크게 이김
	견훤의 점령지인 30여 군·현이 태조에게 항복
	동쪽 연안의 주와 군의 부락이 모두 태조에게 항복
931년(경순왕 5)	고려 태조가 수도 근방에 와서 왕을 만나기를 청함
	태조가 수십 일을 머물다 가니, 유렴을 볼모로 보냄
	태조가 왕에게 비단과 안장을 갖춘 말을 보냄
935년(경순왕 9)	여러 신하들과 함께 고려 태조에게 항복할 것을 의논
	시랑 김봉휴가 서신을 가져가 태조에게 항복을 청함
	왕자는 베옷을 입고 개골산으로 들어가 일생을 삶
	태조가 왕을 영접하고, 그에게 낙랑공주를 시집보냄
	왕을 정승공으로 삼고, 녹봉으로 1,000섬을 줌
	신라를 고쳐서 '경주'라 하고 정승공의 식읍으로 삼음
	신라 멸망

고려

978년(경종 3)	정승 김부(신라 마지막 왕) 사망
	시호는 경순

신라왕조실록 3 신문왕~경순왕 편

펴낸날	**초판 1쇄 2017년 8월 25일**

지은이	**이희진**
펴낸이	**심만수**
펴낸곳	**(주)살림출판사**
출판등록	**1989년 11월 1일 제9-210호**

주소	**경기도 파주시 광인사길 30**
전화	**031-955-1350** 팩스 **031-624-1356**
홈페이지	**http://www.sallimbooks.com**
이메일	**book@sallimbooks.com**

ISBN	978-89-522-3715-6 04080
	978-89-522-0096-9 04080 (세트)

※ 값은 뒤표지에 있습니다.
※ 잘못 만들어진 책은 구입하신 서점에서 바꾸어 드립니다.

이 도서의 국립중앙도서관 출판시도서목록(CIP)은 서지정보유통지원시스템 홈페이지
(http://seoji.nl.go.kr)와 국가자료공동목록시스템(http://www.nl.go.kr/kolisnet)에서
이용하실 수 있습니다.(CIP제어번호: CIP2017018744)

책임편집·교정교열 **성한경·김건희**

085 책과 세계

강유원(철학자)

책이라는 텍스트는 본래 세계라는 맥락에서 생겨났다. 인류가 남긴 고전의 중요성은 바로 우리가 가 볼 수 없는 세계를 글자라는 매개를 통해서 우리에게 생생하게 전해 주는 것이다. 이 책은 역사라는 시간과 지상이라고 하는 공간 속에 나타났던 텍스트를 통해 고전에 담겨진 사회와 사상을 드러내려 한다.

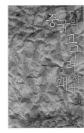

056 중국의 고구려사 왜곡   eBook

최광식(고려대 한국사학과 교수)

중국의 고구려사 왜곡의 숨은 의도와 논리, 그리고 우리의 대응 방안을 다뤘다. 저자는 동북공정이 국가 차원에서 진행되는 정치적 프로젝트임을 치밀하게 증언한다. 경제적 목적과 영토 확장의 이해관계 등이 복잡하게 얽혀 있는 동북공정의 진정한 배경에 대한 설명, 고구려의 역사적 정체성에 대한 문제, 고구려사 왜곡에 대한 우리의 대처방법 등이 소개된다.

291 프랑스 혁명   eBook

서정복(충남대 사학과 교수)

프랑스 혁명은 시민혁명의 모델이자 근대 시민국가 탄생의 상징이지만, 그 실상을 아는 사람은 많지 않다. 프랑스 혁명이 바스티유 습격 이전에 이미 시작되었으며, 자유와 평등 그리고 공화정의 꽃을 피기 위해 너무 많은 피를 흘렸고, 혁명의 과정에서 해방과 공포가 엇갈리고 있었다는 등의 이야기를 통해 프랑스 혁명의 실상을 소개한다.

139 신용하 교수의 독도 이야기   eBook

신용하(백범학술원 원장)

사학계의 원로이자 독도 관련 연구의 대가인 신용하 교수가 일본의 독도 영토 편입문제를 걱정하며 일반 독자가 읽기 쉽게 쓴 책. 저자는 역사적으로나 국제법상으로 실효적 점유상으로나, 어느 측면에서 보아도 독도는 명백하게 우리 땅이라고 주장하며 여러 가지 역사적인 자료를 제시한다.

144 페르시아 문화

eBook

신규섭(한국외대 연구교수)

인류 최초 문명의 뿌리에서 뻗어 나와 아랍을 넘어 중국, 인도와 파키스탄, 심지어 그리스에까지 흔적을 남긴 페르시아 문화에 대한 개론서. 이 책은 오랫동안 베일에 가려 있던 페르시아 문명을 소개하여 이슬람에 대한 편견과 오해를 바로 잡는다. 이태백이 이란계였다는 사실, 돈황과 서역, 이란의 현대 문화 등이 서술된다.

086 유럽왕실의 탄생

김현수(단국대 역사학과 교수)

인류에게 '예술과 문명' 그리고 '근대와 국가'라는 개념을 선사한 유럽왕실. 유럽왕실의 탄생배경과 그 정체성은 무엇인가? 이 책은 게르만의 한 종족인 프랑크족과 메로빙거 왕조, 프랑스의 카페 왕조, 독일의 작센 왕조, 잉글랜드의 웨섹스 왕조 등 수많은 왕조의 출현과 쇠퇴를 통해 유럽 역사의 변천을 소개한다.

016 이슬람 문화

이희수(한양대 문화인류학과 교수)

이슬람교와 무슬림의 삶, 테러와 팔레스타인 문제 등 이슬람 문화 전반을 다룬 책. 저자는 그들의 멋과 가치관을 흥미롭게 설명하면서 한편으로 오해와 편견에 사로잡혀 있던 시각의 일대 전환을 요구한다. 이슬람교와 기독교의 관계, 무슬림의 삶과 낭만, 이슬람 원리주의와 지하드의 실상, 팔레스타인 분할 과정 등의 내용이 소개된다.

100 여행 이야기

eBook

이진홍(한국외대 강사)

이 책은 여행의 본질 위를 '길거리의 철학자'처럼 편안하게 소요한다. 먼저 여행의 역사를 더듬어 봄으로써 여행이 어떻게 인류 역사의 형성과 같이해 왔는지를 생각하고, 다음으로 여행의 사회학적 · 심리학적 의미를 추적함으로써 여행에 어떤 의미를 부여할 것인가에 대해 말한다. 또한 우리의 내면과 여행의 관계 정의를 시도한다.

293 문화대혁명 중국 현대사의 트라우마 `eBook`

백승욱(중앙대 사회학과 교수)

중국의 문화대혁명은 한두 줄의 정부 공식 입장을 통해 정리될 수 없는 중대한 사건이다. 20세기 중국의 모든 모순은 사실 문화대혁명 시기에 집약되어 있다고 해도 과언이 아니다. 사회주의 시기의 국가 · 당 · 대중의 모순이라는 문제의 복판에서 문화대혁명을 다시 읽을 필요가 있는 지금, 이 책은 문화대혁명에 대한 안내자가 될 것이다.

174 정치의 원형을 찾아서 `eBook`

최자영(부산외국어대학교 HK교수)

인류가 걸어온 모든 정치체제들을 매우 짧은 기간 동안 시험하고 정비한 나라, 그리스. 이 책은 과두정, 민주정, 참주정 등 고대 그리스의 정치사를 추적하고, 정치가들의 파란만장한 일화 등을 소개하고 있다. 특히 이 책의 저자는 아테네인들이 추구했던 정치방법이 오늘 우리 사회가 당면한 문제를 해결할 수 있는 지혜의 발견에 도움을 줄 수 있을 것이라고 말한다.

420 위대한 도서관 건축순례 `eBook`

최정태(부산대학교 명예교수)

이 책은 도서관의 건축을 중심으로 다룬 일종의 기행문이다. 고대 도서관에서부터 21세기에 완공된 최첨단 도서관까지, 필자는 가능한 많은 도서관을 직접 찾아보려고 애썼다. 미처 방문하지 못한 도서관에 대해서는 문헌과 그림 등 가능한 많은 정보를 수집하려 노력했다. 필자의 단상들을 함께 읽는 동안 우리 사회에서 도서관이 차지하는 의미에 대해 다시 생각하게 된다.

421 아름다운 도서관 오디세이 `eBook`

최정태(부산대학교 명예교수)

이 책은 문헌정보학과에서 자료 조직을 공부하고 평생을 도서관에 몸담았던 한 도서관 애찬가의 고백이다. 필자는 퇴임 후 지금까지 도서관을 돌아다니면서 직접 보고 배운 것이 40여 년 동안 강단과 현장에서 보고 얻은 이야기보다 훨씬 많았다고 말한다. '세계 도서관 여행 가이드'라 불러도 손색없을 만큼 풍부하고 다채로운 내용이 이 한 권에 담겼다.

016 이슬람 문화 | 이희수
017 살롱문화 | 서정복 eBook
020 문신의 역사 | 조현설 eBook
038 헬레니즘 | 윤진 eBook
056 중국의 고구려사 왜곡 | 최광식 eBook
085 책과 세계 | 강유원
086 유럽왕실의 탄생 | 김현수 eBook
087 박물관의 탄생 | 전진성 eBook
088 절대왕정의 탄생 | 임승휘 eBook
100 여행 이야기 | 이진홍 eBook
101 아테네 | 장영란 eBook
102 로마 | 한형곤 eBook
103 이스탄불 | 이희수 eBook
104 예루살렘 | 최창모 eBook
105 상트 페테르부르크 | 방일권 eBook
106 하이델베르크 | 곽병휴 eBook
107 파리 | 김복래 eBook
108 바르샤바 | 최건영 eBook
109 부에노스아이레스 | 고부안 eBook
110 멕시코 시티 | 정혜주 eBook
111 나이로비 | 양철준
112 고대 올림픽의 세계 | 김복희 eBook
113 종교와 스포츠 | 이창익 eBook
115 그리스 문명 | 최혜영
116 그리스와 로마 | 김덕수 eBook
117 알렉산드로스 | 조현미
138 세계지도의 역사와 한반도의 발견 | 김상근 eBook
139 신용하 교수의 독도 이야기 | 신용하
140 간도는 누구의 땅인가 | 이성환 eBook
143 바로크 | 신정아
144 페르시아 문화 | 신규섭 eBook
150 모던 걸, 여우 목도리를 버려라 | 김주리
151 누가 하이카라 여성을 데리고 사누 | 김미지 eBook
152 스위트 홈의 기원 | 백지혜 eBook
153 대중적 감수성의 탄생 | 강심호 eBook
154 에로 그로 넌센스 | 소래섭 eBook
155 소리가 만들어낸 근대의 풍경 | 이승원 eBook
156 서울은 어떻게 계획되었는가 | 염복규 eBook
157 부엌의 문화사 | 함한희
171 프랑크푸르트 | 이기식 eBook

172 바그다드 | 이동은 eBook
173 아테네인 스파르타인 | 윤진 eBook
174 정치의 원형을 찾아서 | 최자영 eBook
175 소르본 대학 | 서정복
187 일본의 서양문화 수용사 | 정하미
188 번역과 일본의 근대 | 최경옥
189 전쟁국가 일본 | 이성환 eBook
191 일본 누드 문화사 | 최유경
192 주신구라 | 이준섭
193 일본의 신사 | 박규태
220 십자군, 성전과 약탈의 역사 | 진원숙
239 프라하 | 김규진 eBook
240 부다페스트 | 김성진 eBook
241 보스턴 | 황선희
242 돈황 | 전인초 eBook
249 서양 무기의 역사 | 이내주
250 백화점의 문화사 | 김인호
251 초콜릿 이야기 | 정한진
252 향신료 이야기 | 정한진
259 와인의 문화사 | 고형욱
269 이라크의 역사 | 공일주
283 초기 기독교 이야기 | 진원숙
285 비잔틴제국 | 진원숙
286 오스만제국 | 진원숙
291 프랑스 혁명 | 서정복 eBook
292 메이지유신 | 장인성
293 문화대혁명 | 백승욱 eBook
294 기생 이야기 | 신현규 eBook
295 에베레스트 | 김법모 eBook
296 빈 | 인성기 eBook
297 발트3국 | 서진석 eBook
298 아일랜드 | 한일동
308 홍차 이야기 | 정은희 eBook
317 대학의 역사 | 이광주
318 이슬람의 탄생 | 진원숙
335 고대 페르시아의 역사 | 유흥태
336 이란의 역사 | 유흥태
337 에스파한 | 유흥태
342 다방과 카페, 모던보이의 아지트 | 장유정
343 역사 속의 채식인 | 이광조

371 대공황 시대 | 양동휴 eBook
420 위대한 도서관 건축순례 | 최정태 eBook
421 아름다운 도서관 오디세이 | 최정태 eBook
423 서양 건축과 실내 디자인의 역사 | 천진희 eBook
424 서양 가구의 역사 | 공혜원
437 알렉산드리아 비블리오테카 | 남태우 eBook
439 전통 명품의 보고, 규장각 | 신병주 eBook
443 국제난민 이야기 | 김철민 eBook
462 장군 이순신 | 도현신 eBook
463 전쟁의 심리학 | 이윤규 eBook
466 한국무기의 역사 | 이내주
486 대한민국 대통령들의 한국경제 이야기1 | 이장규 eBook
487 대한민국 대통령들의 한국경제 이야기2 | 이장규 eBook
490 역사를 움직인 중국 여성들 | 이양자 eBook
493 이승만 평전 | 이주영 eBook
494 미군정시대 이야기 | 차상철 eBook
495 한국전쟁사 | 이희진 eBook
496 정전협정 | 조성훈 eBook
497 북한 대남침투도발사 | 이윤규 eBook
510 요하 문명(근간)
511 고조선왕조실록(근간)
512 고구려왕조실록 1(근간)
513 고구려왕조실록 2(근간)
514 백제왕조실록 1(근간)
515 백제왕조실록 2(근간)
516 신라왕조실록 1(근간)
517 신라왕조실록 2(근간)
518 신라왕조실록 3(근간)
519 가야왕조실록(근간)
520 발해왕조실록(근간)
521 고려왕조실록 1(근간)
522 고려왕조실록 2(근간)
523 조선왕조실록 1 | 이성무 eBook
524 조선왕조실록 2 | 이성무 eBook
525 조선왕조실록 3 | 이성무
526 조선왕조실록 4 | 이성무 eBook
527 조선왕조실록 5 | 이성무 eBook
528 조선왕조실록 6 | 편집부 eBook

㈜살림출판사
www.sallimbooks.com
주소 경기도 파주시 문발동 522-1 | 전화 031-955-1350 | 팩스 031-955-1355